WTF?! AN ECONOMIC TOUR OF THE WEIRD

{ 一趟不可思議的經濟學之旅 }

Peter T. Leeson

彼得 · 利森————著　謝慈————譯

What The Fuck !

獻給史黛芬妮、馬克以及布莉安娜

「當今的言論霸權已經無限上綱到能夠打壓異己。
若想打破現況，唯有人皆展自身的獨特性。」
　　　　　　──約翰‧史都華‧彌爾，〈論自由〉，*1859*

導 讀
87 分，不能再高了

林明仁

臺灣大學經濟學系特聘教授兼系主任

　　第一次知道彼得・利森（*Peter T. Leeson*）這位作者，是在 2007 年 12 月的時候。當時我正在翻閱剛出刊的《政治經濟學評論》期刊（*Journal of Political Economy*），他的大作〈無政府狀態：海盜的法律經濟分析〉一文，立刻抓住了我的目光。原因不單只是標題新奇有趣，而是因為整篇文章從頭到尾，竟沒有半個數學符號！後來他更把這篇文章的內容擴充成一本書：海盜船上的經濟學家《*The invisible hook*》，詳細說明了海盜如何在完全沒有現代國家介入的情況下，建立起自己的一套遊戲規則：他們比美國革命先賢早一百年建立起權力制衡的憲政體制，船長如果亂搞，也很容易會被大家推翻；海盜們也比美國政府早一百年廢除奴隸制度（不論是黑海盜還是白海盜，只要能燒殺擄掠，都是好海盜）。既然海盜是一個高風險、高報酬、又需要大量特定人力資本的職業，如何攬才、留才、並克服資訊不對稱所帶來的裝死問題，正是海盜船上政治與生產誘因設計的主要議題。而從當時各家海盜船財務報表亮眼，也有許多一般商船船員轉行當海盜的情況來看，顯然海盜們在掠奪他人財物的前提下，的確建立起了一個支持海盜經濟成長的

「包容型」制度。

　　這一次的經濟學思考之旅，彼得・利森更是加碼，一次丟出八個光怪陸離的異端案例！每一站一開始，都先丟出一個看來要不是天理不容、毫無道德可言的社會現象（如英國工業革命時期流行拍賣自己的老婆），就是怪異荒誕、蠢到極點的做法；如中世紀教會審判時，神父會叫被告將手伸進熱水裡，燙傷就代表有罪，反之代表無罪；再不然就是令人匪夷所思的迷信習俗（比如被吉普賽人幾乎無限上綱到生活所有面向的「女性下體不潔論」）。第一次聽到這些事時，大部分的人反應都會是「靠！這些人是白癡嗎？」但當作者用經濟學理性選擇、成本效益分析以及賽局理論的透鏡，仔細抽絲剝繭當時人們在面對自然或社會上的所有限制後，讀者將赫然發現：原來如此！這些人還真是聰明！

　　我認為本書除了讓大家了解經濟學如何解釋歷史上許多看來荒誕無稽的政治社會制度外，還傳遞了一個更重要的訊息：人類社會的進步或改變，從來就不是把所有制度全部同時重新安排，一步到位之後，大家就可以從此過著幸福快樂的生活。大部分的變革，都是在理解現行所有正式與非正式的社會限制下，找到一個機會成本最小的破口，最後做出一個多數人可以接受的新安排。當整個大環境持續改變，此一安排總有一天也會不敵時代潮流，從而失去它的社會基礎。用經濟學的術語來說，就是系統外生參數的變化，讓原來的誘因設計不再具有效率，此時改變再自然不過。

　　相信讀者每看完一章，一定都會有「靠！我到底看了三小XDD」的讚嘆。但同時也會發現，在作者鋪的每個白爛梗背後，

其實都跟經濟學完美連結。說他是經濟學界的約翰・奧利佛（John Oliver），應該絕不為過。

總而言之，本書是將經濟學的基本概念「理性選擇理論」如何解釋社會現象，發功到極致的例子。許多人對經濟學家三句不離理性選擇這件事，總愛揶揄說：「如果你只有鐵鎚，那麼每一樣東西你都會把它看成釘子。」但對理解社會上大部分的習慣或制度及其變革來說，這把鐵鎚已經很夠用了。

最後，我想引用諾貝爾經濟學獎得主托瑪斯・薩金特（Thomas Sargent）在加州大學柏克萊分校畢業典禮的超短致詞作為結尾：「在均衡的時候，人們對自己的選擇是感到滿意的，因此不論要把世界變得更好或更壞，都不是一件容易的事。」下次當碰到你覺得不公不義或無法理解的社會現象時，何不跟隨彼得・利森，先想想這事背後的理性選擇是什麼？

推薦文

作者像是現代版天方夜譚的說故事人，讓我一翻開書就忍不住想知道「然後呢？」但更厲害是他旁徵博引的知識，巧妙連結不同領域專業，跨越時空地自由闡述，沉穩而輕盈，廣博又專精。這位非典型但備受矚目的年輕經濟學家，能把研究著述做到這麼有趣帥氣，令人敬佩也啟人無數。

李明璁 社會學家，作家

以「理性選擇」為基礎的經濟分析，對各種人的行為、甚至於對各種生物的行為都能做合理、有趣的解析，已故的 1992 年諾貝爾經濟學獎得主蓋瑞‧貝克（G.S. Becker）手中已做了最佳示範。在他的引導解析下，「帝國經濟學」這個揶揄專詞早已響徹雲霄，其後不少學者承繼發揮，出了許多膾炙人口的小品專書。年輕的經濟學家彼得‧利森就是其中一位，2011 年《海盜船上的經濟學家》是代表作，七年後再出版這本書傳承了起來，內容既有趣又驚喜，也富獨創性，值得閱讀！

吳惠林 中華經濟研究院特約研究員

我相信人是理性的，但彼得 · 利森（Peter T. Leeson）更能發現到一些以往我們不曾發現的理性事實，他這本書中提到的奇特風俗，竟然也暗藏著經濟學的理性，我只能拍案為之驚奇，真有你的！這本書帶給我們一些驚奇，在這些不為人知的過往歷史中，他每每可以驗證出，即使這些行為看似多麼無厘頭，卻也暗藏經濟學的理性。也就是說，特異的行為與文化之所以能夠擴散與流傳，真正推動的力量，也許正就是「看不見的那隻手」（好吧，亞當斯密從來沒這麼說過！）

鍾文榮　科普經濟學作家，《巷子口經濟學》作者，資深產業分析師

沿途停靠

WAITING
IN
THE
LOBBY

在大廳等候片刻

我們會用「奇怪」來形容自己無法理解的事，例如川普當選美國總統、迦納的現代巫術，或是金正恩的髮型。現今的世界充斥著怪異的事物，然而，歷史上的異端事物更是層出不窮，想想阿茲特克人的活人獻祭、十八世紀印度的自焚、古希臘的愛情魔術、二十世紀中期美拉尼西亞的貨物崇拜*1等等，族繁不及備載。

有時候，我們會覺得世界就像個大觀園，而我們終其一生都是不知情的參觀者，每個轉角都有驚奇在等著被發掘。面對生命的怪異時，好奇的人總會問：「為什麼？」於是，我為這些人規畫了一趟旅程。

你會問：「你指的是這本書嗎？」不，我說的是一趟旅程。你現在就坐在博物館的大廳裡，而我是你的導遊。再過幾分鐘就可以入場了，但在此之前，先讓我說明一下在這裡集合的原因吧。

我們的世界就是最宏偉豐富的怪奇博物館。為了表達敬意，我在幾年前決定彙整出人類歷史中最怪異的習俗，再加以呈現展示，這趟互動之旅就是最好的理解方法。於是，我著手打造博物館，累積成你們手上的這本「書」。一邊閱讀，一邊回到遙遠的過去，身

歷其境地體驗吧！

　　這段旅程一共有八站，第一站就在不遠的標示處，翻幾頁就到了。不過這一站還不是真正的展品，而是讓你先做好準備：博物館裡充滿光怪陸離的異端，所以我得確保你有足夠的工具來面對眼前即將經歷的一切。畢竟，其他的站就是來真的了。

　　首先，我們會看到中世紀歐洲的火刑和水刑，接著進入英國工業革命中販賣妻子的現象、吉普賽人的迷信以及十一世紀法蘭西僧侶的詛咒概述。我們會研究二十世紀非洲的神祕占卜，然後是文藝復興時代法國、義大利和瑞士對昆蟲和害蟲的處刑。最後一站，你還會聽到日耳曼英國的法庭對抗故事。

　　現在，請向旁邊讓一讓，有新的人又要加入了。但願你別誤會這是私人行程那太昂貴了），你們看起來真是有精神的一團呢！

　　來談談導遊我吧：我的專業是經濟學，但在好奇心的驅使下，我成了新奇事物的收藏家。只要遇到奇特的社會風俗，我就會習慣問自己：「為什麼？」除了感到驚奇之外，我也抱著開放的心態，願意接受各種可能性即便只是猜測或假設），相信無論如何，事出必有因；

* ────────
1.
cargocult，此現象常發生於與世隔絕的民族，對西方的貨品和科技產生近乎宗教的崇拜。

再怎麼不合理的事，一定都有合理的解釋。在投注數十年研究你即將見識的樣本後，我發現事實的確如此。

我發現無論人們生在何時何地，宗教信仰、文化、財富等情況如何，本質都是理性的。我認為，理性的定義很簡單，就是在自身和環境的限制下，盡全力追尋自己的目標。在這個前提下，想必你們大都能接受人是理性的這件事。然而，這也就代表著，人們不會做出沒道理的行為。

這趟旅程的目的之一，是要讓你知道，看似毫無道理的行為，其實是有意義的，雖然乍看之下不理性，實則是理性的。之所以會認為某些社會風俗奇特，其實是我們對那個社群所面對的限制和問題並不清楚。然而，一旦設身處地，用他們的眼光看待之後，就能輕易看出所有不尋常的習俗，都是為了追求再普遍不過的目標，同為理性人類的我們也就能夠互相理解了。

如果人皆理性，理性的人不會做非理性的事，那麼也可以大膽斷定，特異的社會風俗通常對該社會帶來的利大於弊，而負面影響較大的行為則難以延續下去。由這一點，可以帶出旅程的第二個目的：讓你們知道看來毫無道理的社會習俗，在大多數的時候，其實對人們是有正面的生產力的。

經濟學上，分析人類行為的方式之一稱為「理性選擇理論」，很適合幫助我達成目標，因為它假設的前提是，人們都是理性的。離開大廳以後，我不會再刻意著重「理性選擇理論」，只會在第一站和最後一站稍稍提到。畢竟，我可以合理推斷，你們大概也不太在乎這個理論的內容，而是迫切想知道那些奇異行為背後的道理，

像是：為什麼在各地的加油站都得不到全面服務，除了紐澤西和奧瑞岡但在這兩個地方你得被迫接受）？為什麼比起密西根，佛羅里達的雜貨店更難找到好的柳丁？為什麼得靠著二次房貸，才用得起稍微高檔一點的刮鬍刀？這帶出了旅程最後的目標：幫助你學習將「理性選擇理論」應用在日常生活中。

這將幫助你回答上面提到的所有問題，或是其他五花八門的疑惑。事實上，如果這套理論能實體化，或許就能成為「不可思議的答錄機[2]」吧！它雖然不能幫你攔截漏接的來電，卻能回答你對各種人類行為所不解的「為什麼」。如果真能實體化，應該會是人類史上最偉大的發明吧就像你的 *iPhone*）！

如今，你們眼前的我是個從旅程蛻變的人。剛開始探尋人類的奇風異俗時，我也不能理解為何數個世紀以來，司法體系會讓被告把手浸在滾水裡，來判定他們是否有罪。但最後我發現靠著搖晃中毒的雞隻，來決定如何與鄰居應對，其實是相當有智慧的。我已經找到答案，而如果你還在思索「為什麼」，就跟著我走吧。如果沒有，請檢查一下自己還有沒有脈搏。

2.
原文為 Answering
Machine，除了字面上
的回答問題，也指電話
答錄機。

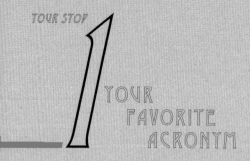

TOUR STOP

1

YOUR
FAVORITE
ACRONYM

你最愛的發語詞

━━━━

　　「靠！什麼鬼？！*³」這幾個字大概是我們感到驚嘆時最愛用的發語詞吧！我們時常脫口而出，更常在心裡默想。

　　「靠！什麼鬼？！」結合了困惑、震驚、詫異等情緒，那是我們面對預料之外的干擾，或是不尋常事物的自然反應。

　　例如，你發現「海猴子*⁴」和真正的猴子一點關係也沒有。

　　「靠！什麼鬼？！」

　　或是有個和花生先生*⁵長得一模一樣的人偷了你的皮夾。

　　「靠！什麼鬼？！」

　　來點杏仁糖。

　　「靠！什麼鬼？！」

　　歡迎你正式加入「W（什）T（麼）F（鬼）？！一趟不可思議的經濟學之旅」，旅程中，你將不斷說出這幾個字。我們珍藏這種怪異社會現象和人類行為，絕對會令你感到驚嚇又驚奇。無論你熱愛驚悚或浪漫、古典或現代，也無論你像個聖人、罪人、熱愛動物，或是任何其他興趣，我們都能投你所好。

　　不過，希望你不是衝著蜉蝣那樣短暫的事物而來。我們的博物

館裡沒有稍縱即逝的虛榮，也沒有曇花一現的表象。我們陳列的奇風異俗都長達數個世紀，有些至今依然存在。有的曾經是人類社會組織最重要的中心活動，有的至今仍不可或缺。

還記得我嗎？我們在大廳見過。我是彼得，你們的導覽員，將帶領你們在文字和實際上遨遊這座博物館。博物館的本身像一座迷宮，這都要感謝我們負責分類的部門。但我對每個轉彎和角落瞭若指掌，可以帶你去任何想去的地方。

至於我們展示的社會行為，其實並不是那麼……離經叛道。希望在我的幫助下，你能在這些看似不可理喻的行為中，看出一些道理來。

為此，在開始之前，我要給你一些能派上用場的工具。

〔開始發下一些小紙片〕

〔參觀者看著紙片，一臉困惑。其中有個人惱怒地打岔。〕

「我的紙條上只寫了『理性選擇理論』。」

---

*
3.
原文 WTF 為 what the fuck 的縮寫，用以表達驚訝的情緒。原為髒話，如今已成慣用語。

4.
sea-monkeys 是豐年蝦的俗名，但很少人知道，反而誤以為是海上的猴子。

5.
Mr. Peanut，美國零食公司的吉祥物。

　　每張紙條都是一樣的。我們在大廳集合的時候你大概沒有專心聽，或是你遲到了，但這就是你的工具。在我的幫助下，你會親驗見證所有的「靠！什麼鬼？！」都變成「其實還蠻合理的！」

〔被激怒的團員大喊出：〕

「靠！什麼鬼？！」

　　你的新工具非常簡單好用，很多人受了訓練，只會操作太過複雜的玩意兒，所以會酸溜溜地說這東西像鐵鎚一樣原始。別理那些說風涼話的人，他們只是嫉妒而已。而且就像我的鐵鎚，這工具非常管用。

　　現在把紙條翻過來，一起讀使用說明書吧。

〔團員們把紙條翻面，稍早不耐的那位又插嘴：〕

「我的只寫了『想想誘因』。」

　　我說了，這很簡單吧。

　　誘因是你每天早上無論再怎麼想待在家裡，卻仍出門上班的理由，也是你此刻選擇翹班的原因。動機讓你付錢參觀我們的博物館，而不是偷溜進來，對吧？誘因也說明了為什麼 DMV [*6] 的人這麼「好整以暇」——我到別處登記就好啦！等等，不可能。

誘因反映了成本與效益的關係，影響著我們的每個決定。效益是我們期望從中得到的價值，成本則是預期必須放棄的價值。與成本相對的效益越大，我們的誘因就越強烈，也越有可能實行，而反之亦然。這解釋了為什麼我們比較願意為了一千元在陌生人面前露屁股，而對十分錢不為所動；或是為什麼我們會忘了餵金魚，卻不會忘記餵孩子；甚至是為什麼我們會吃派，而不是吃屎，當然，舊石器時代飲食*[7]的推崇者例外）。

「規定」這令人厭煩的東西會告訴你什麼能做，什麼不能，以及你服從或不從會帶來的獎賞和懲罰，進而影響到你的動機。規定可能來自政府、雇主、社會，或是你的女主人*[8]。無論來源為何，規定都會影響成本與效益，因此影響你最終的決定。

想像一下，如果政府為了防止我們顛覆性的訊息傳達出去，開始實施新的規定：「任何參加『什麼鬼？！』之旅的人都會被官員依法處決。」那麼，影響你是否留在這裡的誘因就會大為不同了。除非你特別有慧根，否則就會認為新的成本高於效益，因此決定放棄。然而，假如政府偶爾靈光一閃，一反常態地宣布

*
6.
機動車輛管理局
Department of Motor
Vehicles），美國的交
通單位，類似監理所。

7.
舊石器時代飲食 Paleo
Diet），主張人們應當
為了健康或體重控制，
回到原始的飲食習慣。

8.
dominatrix，在性愛關
係上的支配者。

所有參加者接下來十年都不必繳稅，我們的博物館應該會更加人山人海。不同的規定會帶來不同的誘因，進而造成不同的決定。

　　規定有個表兄弟叫「限制」。規定告訴我們什麼可以做，限制則告訴我們什麼可能做。你或許很想買一台新的法拉利跑車，但你的總資產只值五千美元，財富就是你的限制；你希望靠叫賣維生，但你是個啞巴，生理條件就是你的限制；你想要學會讀心術，但物理上不可能達成，物理法則就是你的限制。

　　限制或許能帶來無以數計的好處，但隨之而來的代價也相當龐大。因此，限制也會影響我們的選擇，或更精確來說，是讓我們無法觸及某些選項。

　　我們有時會建立規則來引誘別人做出特定的決定，這其實也是一種選擇。假如政府不是用前面提到的方法阻止人們參加「靠！什麼鬼？！」行程，而是改為：「任何參加的人都會被隱形的仙子處刑。」這規定會對你的選擇造成怎樣的影響呢？一點不會，理由是：你大概不相信有隱形的處刑仙子。

　　政府或許反而比較想採用這個手段，畢竟會省下許多雇用行刑官員的成本和血腥場面。然而，你的相信或者該說不相信）會對政府形成限制，讓他們不能這麼做。

　　那麼，政府可以怎麼做呢？選擇另一種你會相信的規定。或許不像隱形仙子那樣引人入勝，但卻有個最大的優勢：能真的阻止你參加我們的愉快旅行。當然，還有無限種可能性，像是政府可能並不存在陰謀論者！），但人們相信隱形仙子。這種情況下的限制就很不同了，誘因也會跟著改變，這樣你懂了嗎？

而你即將在博物館中看到的「靠！什麼鬼？！」風俗，其實也同理可證。這些規則會影響人們選擇的成本和獲益，也就是他們的誘因；也反映了在特定環境下的特定限制。如果我們能像偵探一樣，嗅出每個習俗的誘因、規則和限制，那麼我親愛的華生＊[9]啊，就能看出其中的道理了。

一旦我們養成這樣的思考習慣，一切就會變得簡單。新的工具會讓所有新奇、怪異、瘋狂的事變得尋常、熟悉而合理。你的詫異、震驚和困惑，甚至會被理解、常識和興致給取代。你能在解構世界最怪異風俗的過程中學到許多，離開出口以後，對你奇異的日常生活將持續帶來助益。

為什麼美國國家森林局要借助一隻卡通熊的幫忙，來預防縱火犯？為什麼美國的貨幣上會專橫地寫著「我們信仰上帝」？為什麼你的舅舅總是用丟硬幣來解決和舅媽的紛爭？為什麼一個人的宗教信仰會影響飲食習慣？而為什麼世界上這麼多人裡，聖誕老人最在乎你乖不乖？

這些問題的答案其實都在你眼前，只是你還不知道怎麼去看而已。力量就掌握在你的手

中，所以把紙張收進口袋裡，跟著我走吧，我想你準備好了。

　　下一站，你會看到我們的第一個展覽品。盡量跟上隊伍，萬一迷路了，有幾個要點請注意：如果看到一隻獨眼的臘腸狗，代表你還要再往前一點，再翻一頁；如果看到一位長鬍子的女士，代表你過頭了，往前翻幾百頁吧。

　　你們好安靜，別害羞，歡迎發表評論或提出問題。如果想說點什麼，舉手就行了。喔對，還有一件事：如果你比較敏感，或許該把耳朵塞住，因為博物館裡「靠！什麼鬼？！」的感嘆就像烤肉趴的蒼蠅那麼多。

TOUR STOP

2

BURN,
BABY,
BURN

燃燒吧，寶貝，燒吧！

我不是人們口中那種虔誠上教堂的人，不過從小到大都被逼著參加天主教的彌撒和主日學。我的姑婆是修女，所以也逃不掉得參加各種聖禮＊10。

即便內心抗拒，在成長的過程中，宗教還是帶給我不少美好回憶。我曾經為了四旬節而放棄彌撒因為沒有想像中的精采），也曾經建議神父用「咬聖體」的方式讓聖餐禮更活潑一點：就像萬聖節派對咬蘋果一樣，用嘴巴從聖餐酒中咬起聖體我父母因此接到關切的電話）。

至於不那麼大不敬的部分就是，我喜愛許多聖經的故事，特別是關於所羅門王的。這是聖經最受歡迎的部分之一，所以我想你應該也知道：兩個婦女來到國王面前，爭奪一個嬰孩。她們都沒有證據支持自己的說法，所以希望所羅門王幫她們解決這糾紛。他提出的方法如下：把嬰兒切成兩半，一人平均分一半。雖然會有點難看，但這解法很公平。

表面看來，所羅門王似乎很討厭嬰兒，或者是個白癡。把嬰兒殺掉再平分屍體，這無論如何都不是解決親權問題的好方法。因

此，聽到這裡，兩個婦女應該都大驚失色。雖然聖經並未著墨，但我很確定她們都同時說了：「靠！什麼鬼？！」

然而，你我都很清楚，所羅門王心裡想的是：嬰兒真正的母親一定寧願犧牲監護權，也不要犧牲自己的孩子。因此國王推測她會拒絕這個提議，他就能把孩子完整歸還。而事情正是如此發展。他被稱為「智者所羅門」不是沒有原因的。

我們可以從所羅門身上學到一些事。第一，看似愚蠢的司法審判過程，其實可能藏有智慧。第二，如果缺乏「一般」的證據，執法人員仍有可能藉著有智慧的規則，挖掘出事情的真相，即便這規則可能利基於謊言例如「當親權出現爭議，就把孩子切一半」）。聰明的規則能操縱人們的誘因，讓他們透過做出的選擇，公開私密的資訊只有他們自己知道的真相）。

繼續往這邊走，你會看到一個金屬製的大釜。

〔人群向下走了幾階，進入昏暗的石壁地下室〕

我的天啊，這裡好黑，讓我來……

〔點亮從牆上垂掛的火把〕

　　好多了。剛才說到，你會看到這裡有個神判用的大釜。神判法是中世紀歐洲審判者用來判決棘手案件的方式。看過電影《聖杯傳奇》Monty Python and the Holy Grail）的人或許會記得，裡面有一幕正是神明判決。村民們想判斷一位婦女是否施行巫術，而他們的方法是將她的體重和鴨子的相比。真正的神判法不會使用鴨子，但會有像這樣的大釜。

　　神判法的黃金時期是九到十三世紀，一共分成兩種：熱和冷 1。前者包含熱水和熱鐵判決如果你愛拉丁文，那麼這稱為 iudicium aquae fervantis 和 iudicium ferri) 2；後者則是冷水判決 probatio per aquam frigidam) 3。

　　在熱水判決中，神父會將大釜中的水煮沸，並丟入一顆石頭或戒指 4，而根據班貝格主教埃貝哈德的每日祈禱書＊11 描述，「受試者」的任務是「把手浸到滾水中」，然後再拿出來 5。而後，他的手會立刻被包紮起來。如果他是無辜的，就能毫髮無傷；但假如他有罪，還堅持要浸水，那麼三天以後查看時，就會有燙傷的痕跡 6。熱鐵判決也很類似，但受試者要捧著一塊燒紅的鐵走九步 7。定罪的公式都一樣，燒燙傷代表有罪，沒受傷就是無罪。

　　冷水判決則不用滾燙的東西，改用一池冷水。九世紀蘭斯的神學家安克馬爾如此形容：「受到試煉的人會被綁住丟進水中，然後再拉出來。」如果他有罪卻想撒謊隱瞞，就沒辦法沉下去，會浮起來 8；假如他是無辜的，則能夠沉下去。

　　中世紀的法律中，仍有些罪刑需要動用神判法，特別是牽涉到謀殺、搶劫或縱火等嚴重

的指控 9。試煉失敗的懲罰從截肢到死刑都有可能 10。

　　如果法官無法定案時，也能選擇使用神判法 11。十二世紀的英國法規如此宣告：「除非沒有其他追尋真相的方法，否則不應施行熱鐵判決。」而十三世紀的德國法律寫到：「任何案件都不應該使用神判法，除非沒有別的方法能得知事實。12」

　　若被告認罪，或有可信的證人作證，那麼法官就不需要神判法，而可以直接定罪 13。這意味著罪犯自願認罪，或在光天化日之下有人目擊犯案的過程。假如在極少見的情況下，條件並未滿足，法官會詢問被告是否願意發誓自己無辜，並且要求他找到一定數量的保證人但這些人的誓言必須是「可接受的 14」）。不自由的人的誓言不會被接受，而中世紀大部分的人口都屬於此類。外國人或曾經作偽證、有前科、名聲不夠好的人，也同樣不被接受。因此，只有少數人符合標準 15。如果被告無法提供這麼「平常」的證據，法官又不願意判罪或無罪釋放 16，就需要其他的判決方式，也就是神判法 17。

　　我看到後面有人舉手了，鬢角很特別的那位，沒錯，先生，有問題嗎？

　　「是的。『什麼鬼？』的思考方式能合理化這種判決？！把人們丟進沸騰的大釜裡？扔進水池裡？這説不過去吧？」

　　好問題。也謝謝你沒有直接抨擊我。

　　神判法之所以能正當化，是因為藉由「*iudicia Dei*」，也就是

上帝的判決 18。當人類無法正確判決時，就必
須借助上帝幫忙。「疑點重重的案子就交由上
帝來判決吧！」卡洛琳王朝的牧師說道，「法
官能判決真相清楚的案件，但他們不知道的，
就應該交由神聖的判決。19」

　　根據中世紀的基督信仰，如果神父進行了
正確的儀式，上帝就會揭發被告的罪惡，讓他
被滾燙的水或熱鐵燒傷，而聖水會拒絕他們有
罪的身軀；相反的，無辜的人會受到奇蹟般地
保護，手腳不會受傷，無罪的身體也能沉入聖
水中。

〔群眾看起來半信半疑，議論紛紛〕

　　除了怪異之外，神判法似乎也，好吧，有
點蠢。但和所羅門王切割嬰兒的想法類似，有
更深層的智慧潛藏在其中。事實上，兩者的基
本邏輯差不多。

　　除了尋求上帝的幫助外，還有兩個顯而易
見的替代方案：詢問被告是否有罪，或折磨到
他願意說出真相為止。問題是，兩個方案都可
能造成許多錯誤。每個被告都會宣稱自己是無
辜的，而折磨的結果則恰好相反，只要痛苦的

程度夠高，無論有罪或無辜的人，都會想要認罪。

〔人群越來越喧鬧，房間後方有隻纖細的手舉了起來〕
請安靜一點，各位，美麗的東歐女士有問題要問，請說？

「安妮雅。」

不好意思？

「我的名字是安妮雅。沒錯，我有個問題。你說折磨不是判決的好方式，因為只要效果夠好，任何受折磨的人都會認罪。這我明白。但我很訝異你會用神判法和折磨做對比。聽你的形容，神判法和折磨沒什麼兩樣。」

安妮雅，真是個美麗的名字。你問了很棒的問題，但答案會讓你嚇一跳。你知道嗎，神判法事實上幫大多數的受試者**脫罪**了。

〔人群顯得驚訝而不可置信〕

沒錯，滾燙的水很少燙傷把手放進去的人，熱鐵也鮮少傷到捧著它的人。「如果我們假定幾乎沒有人能在激烈的神判法之中脫罪，這是錯誤的。」有歷史學家這麼提醒，「因為當時的歷史，記載著數不清的例子，都是人們把赤裸的手臂進到滾水裡、握著燒紅

了的鐵球、走上燃燒的犁頭，卻幾乎毫髮無傷。[20]」

如果查閱神判結果的歷史紀錄，就會發現確實如此。我們的第一個相關來源是安德魯二世統治時期，匈牙利瓦勞德現今羅馬尼亞奧拉迪亞）的神判紀錄（*Regestrum Varadinense*），其中包含兩百零八件熱鐵判決，都在 1208 年到 1235 年間 [21]，由匈牙利奧拉迪亞大教堂的神職人員執行。結果呢？有一百三十位被告順利通過，大約占百分之六十二點五 [22]。除非這三分之二的神職人員都不知道該如何把鐵燒熱，否則其中一定有什麼玄妙之處。

我們的另一份資料是英國的認罪名單，由皇室法庭保存，第一筆資料是 1194 年，最後一筆則是 1219 年，英國法庭正式廢止神判法。紀錄名單的判決結果遠比 *Regestrum* 來的少，只有十九筆，但結果是類似的 [23]。十六位受試者參加冷水判決，有十四位通過；三位參加熱鐵判決的受試者都通過了，代表在這些紀錄中，有百分之八十九的受試者獲得無罪的判決 [24]。

如果神判法真的只是折磨，要逼受試者認

罪，那麼效果實在是奇差無比。大概連法官自己用拳頭去鑽被告的頭，都會得到更好的結果。很高興看到安妮雅試著在看似毫無道理的事情中找到解釋，但折磨的說法行不通 25。我們必須從別的角度找到神判法的誘因。

為了讓你更了解我在說什麼，就想像中世紀有個叫費所格的傢伙吧。假設他的鄰居是個農夫，控告他偷東西。費所格否認，而農夫雖然沒有證人，但很受敬重，費所格則否。因此，法院判定他要受熱水判決。

費所格相信「iudicium Dei」（神的判決），認為只要神父的儀式正確，就能讓上帝揭發真相，施展奇蹟。只要他是無辜的，手就不會被沸水燙傷，反之亦然。

那麼費所格會怎麼做？

站在他的立場想想。假如他真的偷竊了，知道自己是有罪的，但其他人並不知道。在這個情況下，一旦他接受試驗，就會預期自己被燙傷。更慘的是，還要面對法律的處罰，被判罪的小偷要付一大筆罰款。

費所格的另外一個選擇是拒絕接受試驗，承認自己的罪刑，或與農夫和解 26。雖然一樣有懲罰效果，但卻沒有偷竊的罰金那麼重，也不會讓他燒傷 27。因此，如果他有罪，就會選擇拒絕接受。

現在，假定他是無辜的，知道自己無辜，但其他人並不知道。在這個情況下，如果他接受試驗，就會預期自己把手放進滾水中，卻不被燙傷。更甚者，他無罪開釋以後，就不用受到法律處罰。如果他拒絕接受試煉，反而會因為不曾犯下的罪而受罰。因此，若他

是無辜的，就會選擇接受。

換句話說，對試驗的懼怕會讓費所格揭示出自己是無辜或有罪。因為相信神的旨意，如果沒有偷農夫東西，他會選擇受試驗；而如果有，則會拒絕，透過選擇來承認自己的罪行。這和所羅門王用切割嬰兒的恐怖選項，誘使兩位爭執的婦女表露真相，是同樣的道理。

那位穿著仕女七分褲的男士，你似乎有問題要問？

「這是男生的寬褲，大概光線太暗了吧，不管了。根據你說的邏輯，有罪的人從不會選擇試驗，而無辜的人都會。但如果這樣，無罪的人一定會被定罪，他們可是把手插進滾水裡，覺得自己不會燙傷，這怎麼可能。所以他們會被燙傷，又會被冤枉判罪。無辜的人反而比有罪的人受更多折磨。」

我們穿七分褲的朋友提到一個有趣的問題：除非能讓受試者脫罪，不然神判法就沒有意義。而我說過，大多數的例子確實有效。那麼，除了真正的神蹟之外，要怎麼讓滾水不傷害人們的血肉之軀呢？

〔提問者聳聳肩〕

　　答案是「*iudicia cleri*」（神職人員判決）。正因為神判法會揭示被告有罪與否，負責執行的神職人員知道受試者是無辜的，所以能依此調整試驗過程，達到「正確」的結果。

　　假定費所格是無辜的，也選擇接受試驗，神職人員會降低水的溫度，不讓他燙傷。費所格把手伸進大釜裡，認為自己不會受傷。他的想法會成真，但不是因為神意，而是先知先覺的神父。

〔穿七分褲的年輕人又說：〕

「但神父怎麼能神不知鬼不覺做到這些？」

　　我正要說明呢。若要操縱判決，神父得有一些空間，而神判法的相關規定給了他們這些空間。規則記載在禮拜的指示和當地的法律中，以下是十世紀英國法律所記載關於熱鐵判決的內容：

> 　　我們以上帝之名進行試煉，遵從大主教和所有主教的指令，除了神父與受試者，任何人皆不得在試煉之火進入教堂後跟進……接著，讓與原告、被告雙方相等的人數進入，分站在教堂中試煉進行處的兩側……神聖的儀式開始後，不得有人再添加柴火，讓鐵在煤炭上燒熱，直到完全燃燒殆盡……接著，被告喝下聖水，並用聖水灑在受試煉的手上，

開始「接受試煉」28。

　　這些規則看起來有不少問題 29。首先，在升起試煉之火後，只有神父和受試者能先進入教堂，給了神父許多操控火焰的機會，能任意調整鐵的溫度。法律顯示，在受試者開始之前，「原告與被告雙方各派一人入內，確定鐵塊的熱度符合要求」30。但直到此刻，神父都有許多空間，能瞞騙雙方人馬。舉例來說，他可以讓他們看與試煉不同的鐵塊。

　　其次，依照規定，在獻上聖餐之前都不得添加炭火，鐵塊會在燃燒殆盡的煤炭上一直等到神父進行最後的禱告為止。這乍看之下也很奇怪，不過當然，如果是為了製造機會，讓鐵塊在試煉前先冷卻，就說得過去了。假如神父沒有成功讓火焰冷卻或將鐵塊掉包，也能盡量拖延時間，慢慢禱告或許這就是為什麼在我的記憶中，兒時的彌撒總是如此冗長）。

　　第三，旁觀者依規定在整個過程中，得沿著教堂的牆壁列隊。以一般規模的教堂來看，他們和試煉的「舞台」一定會有一段距離，讓這伎倆更容易成功。

　　最後，在受試者拿起鐵塊之前，神父得照

規定在他的手上灑下聖水。不難想像，這「灑下」的動作很容易就變成「澆熄」，水也能幫忙預防對炭火和鐵塊動手腳後，仍可能會有的傷害。

熱水判決也有一樣的特徵：將水加熱的火點燃之初，只有神父和受試者能進入教堂。旁觀者則沿著教堂的牆壁排列觀禮，神父在大釜上「灑下」聖水 31。

在結果的判定上，神職人員也有很大的自由心證空間 32。規定是，受試者的手被包紮起來，第三天時再由神父檢查「繃帶內是乾淨或髒汙」33。但對於「乾淨或髒汙」的定義，他們卻三緘其口，一切都由個人判斷。當然，嚴重燒傷的手三天後看起來一定像殺手佛萊迪的臉一樣可怕，無庸置疑是「髒汙」的 34。但除此之外，還可能有各種程度的髒汙，一切都由神父來決定。

〔有人打岔〕

「那冷水判決呢？神父怎麼得到無辜的結果？怎麼確保受試者一定會沉下去？我看不出有什麼辦法能——」

冷水判決的規定也給了神父許多動手腳的機會。雖然無法控制水的密度好吧，至少沒那麼簡單），但還是有其他的管道，例如說運用自己的權威來判定受試者通過與否。

根據卡洛琳時代的典籍，冷水試驗會在被告身上綁上繩索，並在離身體固定的長度打結，藉此確定受試者必須下沉多少，才能證

明自己的清白 35。同時，受試者必須緩緩入水，避免濺起水花。然而，神父還是保有許多自由心證的空間。受試者下沉的深度是否符合「無辜的深度」，標準有些模糊不清 36，而且也沒有具體規定他得在水裡待多久，才能證明自己。

神父可以在受試者入水前，提醒他用力吐氣，以提升下沉的機率。事實上，他還能更進一步：指示受試者為了神聖的儀式做準備，節食幾天。這效果有點像中世紀治療胃脹氣的藥，會讓受試者更容易沉下去。

〔先前的發問者打岔了〕

「我想我能理解這怎麼運作，但還是沒什麼道理啊。我的意思是，如果司法系統的目的是證明受試者是無辜的，那為什麼要選擇沉到水裡這種顯然比較難動手腳的方法？」

這麼想吧：熱水試煉需要靠「奇蹟」才能證明受試者的無辜，沸水和熱鐵的確會灼燒人類的皮膚。因此，假如神父的手法不夠巧妙、觀眾站得太近，或有其他理由而干預失敗，

就可能造成慘痛的後果。然而，冷水試煉可以在神父不干預的情況下，讓受試者無罪開釋。人們可以靠自己的力量沉進水裡，事實上，有一種人幾乎總是能下沉：瘦子。

男人的體脂肪率低於女人，因此，瘦男人有八成的下沉機率，而瘦女人則只有四成。若要成功用冷水試煉讓受試者脫罪，不需要多動手腳，只要讓男性成為受試者而非女性就夠了 37。

而根據歷史上的證據，中世紀的司法體系似乎正是如此運作。在 1194 年到 1208 年間，英國「巡迴法庭」記錄了九十一場試驗，其中有八十四位受試者是男性，女性為七位。法官判七十九位男性接受冷水試驗，一位接受熱鐵試驗，四位則沒有具體記載。相對的，全部七位女性都要接受熱鐵試驗 38。這意味著，男性當時接受冷水試驗的機率是九成四到九成八，女性則是零。

有兩個案子特別有意思：男性和女性被告犯下相同的罪狀，但判決卻不同。其中一個案子是強盜，另一個則是謀殺。兩個案子的男性被告都要接受冷水試驗，但女性則是熱鐵試驗 39。在另一個案子裡，一位女性以謀殺罪名被告，接受熱鐵試驗並順利通過；一位男性同樣被告，卻是接受冷水試驗 40。

我看到有人舉手了。看起來很虔誠的那位先生，有問題嗎？

「我當然有！我剛好是個神父，雖然可以對你要『咬聖體』的大不敬說法睜一隻眼閉一隻眼，但這就不行了！你的意思是，我神聖的前輩們很清楚自己在欺騙大眾，而且是刻意操縱試驗的結果？你這是褻瀆神！褻瀆，就這麼簡單！」

　　深呼吸吧，神父，我的意思不完全是那樣。究竟神父相信試驗是**神的旨意**，或是**教士的判斷**，都是有趣的歷史議題，但對我們前面提過的思考邏輯來說並不重要。只要神父按照被告的選擇是否接受試驗）所反映出的真相來操縱結果，那麼一切就會如我所描述的進行。

　　雖然神父會干預試驗的過程，但這並不代表他們不相信這是神真實的旨意。你知道的，人們相信神職人員擁有在地面詮釋神的律法的權利。他們自視為神在人世間展現意圖的工具 41。他們之所以能在告解中扮演傾聽者的角色，正是以此信仰為根基。這也支持了逐漸發展的「 *in persona Christi* 」（以基督的身分）概念，意指他們是以基督的身分來執行聖禮。我們至少可以說，神職人員們相信自己是在上帝的指引下，操縱試驗的結果。

　　當然，他們也可能對**自身**的干預感到自豪，認為能決定受試者命運的不是神。即便他們在緊閉的大門後，仍會說一切是神的旨意，也不代表他們真心相信。有許多例子就顯示，中世紀的神職人員並未非常認真看待自己專研的信仰，或者至少從他們的行為舉止看不出來。

〔神父嫌惡地左右搖頭〕

抱歉了，神父，但事實確實如此。

從歷史證據沒辦法清楚看出他們到底相信什麼，但即便他們真的相信試驗可能是神的旨意，也不代表他們認為每個結果都是神的判決。就如同腐敗的神職人員能濫用赦免的權力，販售贖罪券；他們也能濫用試驗的權力，接受賄賂來操縱結果。

然而，貪腐的檢核機制還是存在。神父都為私人的主教轄區工作，而地區的收益和司法公正性息息相關。轄區主人擁有相當於地方政府的權力，例如受到當地生產力影響的稅金徵收。假如犯罪率升高，生產力就會下降，而地區收益也會減少。因此，領主有足夠的誘因，在能力所及處限制會降低生產力的活動，例如神職人員的貪腐。雖然無法完全杜絕，但他們能透過轄區教會人士的篩選，以及人員、財務狀況的掌握，或多或少達到監控的目的。

那邊身材結實，身上打了很多洞的先生，有問題嗎？盡管問吧，卡諾夫[*12]！

「除非被告真的相信神會讓有罪的人燒燙傷，饒恕無辜的人，否則試驗根本就無法發揮效果，或是像你說的，完全不合理，而被告會知道該怎麼鑽漏洞。假如神判法會饒恕任何人，遲早會被看破的。我說這都是放屁！」

先別衝動，你提出了很棒的觀點。且聽我解釋為什麼你是對

的，但也錯了，而且錯得離譜。拜託不要傷害我⋯⋯

〔畏縮貌〕

確實，如果被告並未全心相信試驗是神的判決，事情就會變得有點複雜。而你提到百分之百的通過率會讓人起疑，這也是千真萬確42。事實上，還有別的理由讓人們懷疑試驗的真實性。舉例來說，試驗之所以會有觀眾，意味著多少有中世紀的市民們，猜測神判的結果除了天上的旨意之外，更有可能受到地上的影響。

懷疑會帶來潛在的問題。無辜者可能不願意冒險接受試驗，生怕熱鐵或沸水會讓他們受傷。但假如每個人都能通過，這樣的恐懼就會消失，而讓卡諾夫先生提到的問題浮現：有罪的人反而會選擇冒這個險。上述的兩種情況下，我提到的判定法則都會崩壞，無法真正判斷被告是否有罪。

當然，想出試驗這種聰明判決法的人，不會容忍這種破綻存在。執行神判法的神職人員有個簡單的解決方式來消除大眾的疑心：將一些被告判罪。

*
12.
日本格鬥電玩的主角，
身材健壯，光頭，上身
赤裸。

細節就不詳述了，但就結果來說，只要有被告展現出一絲一毫對神聖旨意的信仰，就會有一定比例的受試者罪狀夠明確，能讓神父判罪，更加強這個信仰。人們越是懷疑神的旨意，神父就必須判越多人的罪，才能維持神判法的可信度；相反的，人們越是相信，需要判罪的人數就越少。

〔結實、穿了很多洞的傢伙呢喃了些什麼，聽不清楚〕

什麼事呢，卡諾夫先生？你說什麼？

「我是說我知道你的意思，但我還是不相信。」

那麼這樣吧：既然其他人似乎都接受了，為了不浪費大家的時間，等參觀結束之後，我再給你看一些證據，證明我說的是對的吧。我們會在附錄的部分再討論這個問題，就在我提到的鬍鬚女士畫像之後。

現在，我要談談為什麼當人們充滿懷疑時，神父得靠判更多罪來強化威信。這個情況中，被判罪的受試者一定會是無辜的人，因為只有他們會願意接受試驗，相信自己能受到適當的判決。這自然會帶來問題。

如果神父不需要判無辜者的罪來確保神判法的效度，人們所看到的其實也強化了他們的信仰。有罪者總是拒絕試驗，於是他們對神聖旨意的信仰不會受到挑戰；無辜者總是接受，並且無罪開釋，

充分滿足他們的信仰。然而，假如無辜者得被定罪，一切就會改變，某些被告的經歷會讓神聖旨意的信仰開始動搖。他們知道自己是無辜的，但試驗結果卻正好相反。

然而，這個問題微不足道。畢竟，無辜被定罪的人又能做什麼？堅稱自己無辜，大肆宣揚神判法是場騙局？或許可以，但真的有罪的人也會這麼做，所以沒有人的信仰會因此動搖。為了證明是場騙局，而故意犯罪，希望能接受試驗？我很懷疑。就算真的有人這麼做了，神父也會因為一再看到此人而起疑，於是做出有罪的判決，破壞他的計畫 43。

神職人員有時被迫在神判中定罪無辜的人，真正的風險卻不是被告可能洩漏祕密，或因此成為職業罪犯，而是判決結果可能和大眾看到的事情發展相衝突，成了反面的證據。舉例來說，一位中世紀的被告被控謀殺，接受試驗失敗，最後被吊死。幾個星期以後，被他「謀殺」的人卻平安回家了 44。

這類的例子可能會威脅神判法的存在。偶爾的爭議還能找理由蒙混過去，但如果太過頻繁，就會大幅削弱神聖旨意的信仰。

幸運的是，這種例子很少，主要原因有

兩個 45：第一，需要借助神判法的案子本身就不太容易出現這種狀況。想必你們都還記得，這些案子缺乏一般的證據，所以事後找到和判決結果衝突的證據，機率微乎其微。第二，中世紀人民對神聖旨意的信仰很堅定，因此神父不需要定罪太多人來確保神判法的公信力。

為什麼當時的人如此深信不疑？通常是因為他們信仰虔誠。神判的儀式就是利用這一點精心設計，來喚起他們的信仰。

具體的做法之一，就是讓整個過程極度宗教化，幾乎像聖禮一樣。歷史學家亨利・李指出：「教會的政策，就是讓過程充滿肅穆感，彷彿最神聖的儀式。46」**神父**在**教堂**裡執行試驗，作為試驗**彌撒**的一部分。讀一讀下面這一段中世紀德國典籍對熱水判決的規定吧：

> 神父必須和檢察官與即將面臨試驗的被告一起進入教堂。其他人在教堂門廳等待時，神父則入內穿上除了十字褡 *13 以外的神聖服裝，帶著福音經書、聖油瓶、聖人的遺骨和聖杯，到祭壇上對鄰近的人宣告：看哪，虔敬的弟兄們。律法中有希望和救贖，我們的主為我們獻上血肉之軀……接著，神父在門廳中指定地點，升起煮水的火。必須先噴灑聖水，裝滿水的壺和壺中的水也不能遺漏，才能防止惡魔的幻象。而後，神父與其他人一同進入教堂，進行試驗的彌撒。儀式完畢後，同去試驗的地點，左手持福音經書，並帶著十字架、香爐和聖人的遺骨，吟詠七首懺悔的詩歌和禱文，祈禱道：「主啊，祢存在於這水中。在莊嚴的聖禮向我們展現

恩典，在淨化了的器皿上賜下祢的祝
福。」47

　　神判的儀式也會警示有罪者隨之而來的痛
苦，並告訴無辜者，他們將有奇蹟保守，絲毫
不會感到痛苦。
　　再讀一讀神父對盛水大釜的禱告：

　　　　聖水啊，蒙福的水，將洗淨塵世
　　的塵土和罪惡。以上帝之名命令你，
　　揭示自身的純淨……消滅一切的虛
　　假，光照所有的真相。假若將手浸入
　　者誠實且正直，就不會受到傷害；但
　　假若他有罪，就會受到灼傷，彰顯我
　　主耶穌的神蹟和權柄。48

　　神判法的儀式也強調聖經的根據，乃是自
古即有，而且效果卓著。下面這篇熱水試煉的
禱告就是個例子：

　　　　「主啊，你是公正的審判者，堅
　　定而耐心，帶來和平，做出真實的判
　　決。主啊，祢判定對與錯，教天下人

都知道祢公義的判決。全能的主啊，祢看顧世界，一切在祢
的權柄下震顫。祢為了我們而派來祢的兒子，我主耶穌拯救
世界，用祂的受難救贖了人類的罪。主啊，淨化這熱火上的
水。主啊，祢從尼布甲尼撒的烈火中救出三位年輕人，沙得
拉、米煞和亞伯尼哥，用天使的手帶領他們免於傷害……祢
從煉獄解救三位青年，也將蘇撒拿從虛假的控告中拯救出
來……是以，主啊，假若他無辜）請帶領他的雙手，安然無
恙地從這水中出來。49」

「三位年輕人」在這裡指的是《但以理書》中，暴君尼布甲尼
撒將三位正直的年輕人判處死刑，而上帝拯救了他們。蘇撒拿則是
同一部書裡被判死刑的女子，先知但以理在最後一刻洗刷了她的罪
名。「但以理」在希伯來文的意思就是「神的判決」。

　　神判法的機制必須立基於人民的宗教信仰之上。安克馬爾提
到，在熱水試驗中，「有罪者會被懲罰，而無辜者毫髮無傷，正如
羅得能安然逃離索多瑪的烈火，而最終審判的火焰不會傷害聖人，
卻會像巴比倫的火焰那樣燒毀罪惡的人。50」而在冷水試驗中，有
罪者之所以會浮出來，是因為「試圖以謊言隱瞞真相的人，將無法
在上帝雷霆般的話語下沉入水中。水的本質能覺察不潔，若人背離
了受洗後重生的靈魂，受到虛假的影響，就會遭到排拒。51」

　　最後，試驗的儀式也提醒受試者上帝的全知全能，能透過火或
水的試驗，饒恕無辜者，並將有罪者定罪。以下是神父對熱水試煉
中沸水的祝禱：

　　我以天父、聖子與聖靈之名祝福
祢，烈火上沸騰的水呀，讓試驗展開。
聖父令汝充滿地上的四條河流，讓汝
從岩石中湧流，將汝變成酒。我以父
之名命令汝，不受惡魔詭計或人類魔
術的蒙蔽，而保守試驗的價值，懲處
邪惡扭曲之人，而淨化無辜者。任何
隱蔽之事在父面前都將無所遁形，而
祂派祢湮滅整個世界，摧毀邪惡。祂
最終將會降臨，用烈火審判所有生者
和亡者。阿門。[52]

這些繁文縟節帶來什麼樣的影響呢？亨
利・李是這麼說的：

　　在信仰的時代，堅定的信徒對罪
惡有自覺，能撐過宗教中最殘酷的儀
式，相信自己的無辜能帶來救贖，在
上天的直接影響下，自己的手不會被
燒傷；而有罪者會受到完全的處罰，
包含作偽證。[53]

宗教信仰對神判法的執行如此重要，因

此，當教會對信仰的支持不復存在後，神判法也毫不意外地終止了。雖然真正消失要到十三世紀，但早在一百年前，就已經有跡可循。

十二世紀時，高階的神職人員開始認真質疑神判法和信仰的關係 54：「十二世紀的人開始檢視教條教規，而神判法的依據也成了受檢視的部分。55」批評者認為，神判法缺乏經文的根據，即便引用《但以理書》、蘇撒拿或煉獄的內容，通篇聖經只有一個例證能稱得上真正的司法試驗：《民數記》中記載，有位被控告通姦的人經歷了苦水的試驗也就是注射毒液），來證明她的忠貞 56。但中世紀的司法試驗和苦水的試驗完全不同 57。

批評者控訴，神判法更大的問題是觸犯了有許多經文支持的禁令：「不可以試探你的主。58」

〔神父大喊：〕

「說得太對了！不能試探！」

烈火和水的試驗中，神父都會要上帝依照自己的意思展現奇蹟，這是聖經所禁止的。

〔神父猛烈點頭贊同。〕

更甚者，有許多教令都不支持神判法，質疑其在宗教中的定

位，於是讓第四次拉特朗大公會議在 1215 年做出決議，否定其合法性，並禁止神父參與其中 59：「任何神職人員，都不得參與冷熱水或熱鐵的試驗，不得給予祝禱或執行聖禮。」60

宗教的支持消失以後，世俗的司法體系很快就跟著放棄神判法。丹麥在 1216 年禁止，英國是 1219 年，蘇格蘭則是 1230 年。義大利在 1231 年才全面廢止，但有許多城鎮早已放棄，而法蘭德斯的司法體系則是在 1208 年到 1233 年之間取消 61。不久之後，挪威、冰島、瑞典和其他國家也都跟進。法國從未正式廢止神判法，但最後一次歷史記載出現在 1218 年，就在教會的禁令不久之後 62。

有些地方的神父違反會議的禁令，繼續參與神判法，讓這個傳統維繫得更久一些，例如德國、希臘、匈牙利、波蘭和克羅埃西亞。但「例外畢竟是少數，神判法很難在沒有神父的情況下延續下去。63」因此，在神父不願意背書的地方，神判法就會絕跡。少了宗教上的約束力，火和水的試驗就再也無法用來判決罪犯 64。

〔七分褲的年輕人打岔。〕

「假如試驗這麼棒，為什麼我們現在不用？」

事實上……

〔結實而身上穿洞的人：〕

「因為現代的司法審判明顯更好啊，白癡！」

一個一個來，拜託。神判法之後的審判制度未必比較出色，但**我們**如果繼續使用中世紀的制度毫無道理，因為：一、科技進步，尋找真相的成本比以前低得多。二、我們大概除了山達基的人之外）並不相信火和水的試驗是神的旨意，少了這個信仰，中世紀的神判法就無法有效運作。但在科技比較落後、人們信仰又虔誠的地方，中世紀的神判法至今可能還會是合理的選擇。事實上，在那樣的地方，中世紀的判決法**仍然**是合理的選擇，而人們也持續施行。

〔人群再次交頭接耳，面露懷疑。〕

不相信嗎？可以上網查「基尼格木 sassywood）」，看看會有什麼發現。

〔幾乎每個人都把 iPhone 拿出來。〕

　　沒錯，中世紀的判決法至今依然健在，在賴比瑞亞以及一小部分的獅子山，可能零星的撒哈拉沙漠地區也有。或許你聽過賴比瑞亞，如果沒有，懶人包在這：賴比瑞亞是典型政治經濟落後的國家，政府貪腐，公眾的司法機構失能，人民貧困，而且大部分都很迷信，種種因素都讓中世紀的試驗審判能有效運作。

　　基尼格木 Sassywood）其實是個統稱，指的是當地目前施行的各種中世紀審判方式，包含歐洲中古的熱水、熱鐵等等。然而，基尼格木試驗本身則是注射毒藥的審判方式，名稱來自賴比瑞亞被告必須喝下的毒藥，由基尼格木學名是 Erythrophleum suaveolens）有毒的樹皮調製而成 65。

　　就像中世紀的神判法，基尼格木只保留給通常缺乏一般的證據，無法用傳統方式判斷真相的棘手案件。被告可以認罪，或是堅持自己的無辜，後者就會被要求接受基尼格木試驗。社群中會有和中世紀神父地位相似的精神領袖，能執行社會宗教上的儀式，要負責調製毒藥、主持試驗，扮演審判者的角色。被告對基尼格木毒藥的生理反應，將決定他是否有罪。「假如被告在隔天日出前將毒藥嘔吐出來，或

甚至是試驗當場如此，那麼他就沒有犯下被告的罪行，會公開宣告無辜。但假如他當場死亡，」或出現中毒現象，「那麼人們會相信他有罪，並做出宣告。66」

根據賴比瑞亞廣為流傳的迷信，基尼格木的力量能正確判定飲用者的犯罪狀態，隨著鬼魂進入他的心中，搜尋罪惡感。假如他是無辜的，鬼魂會以液體的形式離開；但假如他有罪，就會留下來進行破壞摧毀67。

對於賴比瑞亞人使用神判法，你現在應該已經不會覺得莫名，驚嘆「靠！什麼鬼？！」他們欠缺傳統的蒐證技術，也沒有可靠的警察或政府和法院，所以鄉下社群發生罪案控告時，其實沒有太多選擇。但有了迷信的基礎，他們可以透過試驗來了解被告內心的真相，判斷他們是否有罪，而這正是他們的做法。

〔有人開始大聲竊笑。〕

這位戴著迷彩帽、穿美國國旗潮Ｔ的先生似乎覺得很有趣，想和大家分享一下嗎？

〔吞下一小塊菸草。〕

「蛤？喔，我只是在笑他們賴比瑞亞人。別誤會什麼的，我挺高興他們有迷信讓試驗有用之類的。只是，在現代這種時候，感覺就特別愚蠢，司法體系竟然要用花招騙術才能有正義。感謝主我們住在美

國*[14]！」

說完了？

〔嚼菸草的男子露出自大的笑容點頭。〕

很好，現在把臉上那種自以為是的笑容收起來吧。美國的司法系統也會操縱迷信，來改善審判的結果，而且和神判法其實大同小異，只是有個更好聽的名字叫做「測謊試驗」。有超過十個州允許在特定的情況下，使用測謊的結果當作審判的證據。美國的執法單位特別喜歡測謊，警察、FBI 和 CIA 都會使用測謊試驗。

測謊試驗都是狗屁。就像占星術，有人支持，但絕大部分的科學社群都不相信測謊的效度。從科學的觀點來看，把人綁在好笑的機器上，測量一些生理現象，就能知道對方是否說謊，就像上帝會干預神判法的火和水，揭露被告是否無辜一樣荒謬無稽。

雖然測謊機不能真的測出人們是否說謊，但如果人們相信可以，就會有類似神判法的效果。相信的無辜者無所畏懼，會接受測謊，預期自己能洗清罪名，這就是誘因。相信的有罪

者害怕測謊的結果會將自己定罪，就有不接受的誘因。執行測謊的人或許也發現這點，於是依此來解讀測謊報告上看起來很精密的線條，就像中世紀的神父找出熱水試驗的「正確」結果，或賴比瑞亞精神領袖在基尼格木試驗中所做的。

而和「官方」的試驗相似，測謊唯有在人們相信測謊機有能力發現他們在說謊時，才能有效運作。但有許多人，許多以自己實事求是的生活態度為傲的現代美國人，仍然抱持這樣的信仰。因此，執法單位也繼續使用。

美國當代司法系統的迷信元素不只測謊而已，在法庭上也值得注意。應該都看過電影裡人們在作證之前，要先用上帝的名義發誓會說真話，甚至要用手按聖經。這不是電影發明的，一直到不久之前有些地方至今依然如此），在上帝面前發誓都是美國法庭的規定68。美國的宗教史或許有點影響，但更重要的是我一直告訴你們的邏輯。

當作證是自願的，而證人必須發誓說實話，你覺得誰比較可能站出來：說真話的人，或是詐欺師？如果人們相信在上帝前發誓有意義，上帝會因為撒謊而懲罰他們，那麼答案就是說真話的人。事實上，就算是強制出庭作證的情況下，發誓也可能換來更可靠的證詞。如果你作證前必須以神之名發誓，又相信神不喜歡撒謊，那麼你在做偽證之前就會三思。在神面前發誓能幫助美國司法系統除去一些詐欺師。

我不是說大部分的美國人都相信如果他們以神之名發誓說實話後，卻撒了謊，神就會用雷劈死他們，但少數人可能真的相信。況

且發誓幾乎不用成本，執行容易，不難看出為什麼法庭會使用了。

這麼看起來，迷信似乎為司法正義提供了有效的根基，而且就算是聰明人也可能會迷信。無論是過去或現在，迷信但聰明的人類社會都會發展出一些機制，能利用信仰來誘導出真相，或讓人們說實話。中世紀的神判法、賴比瑞亞的基尼格木，甚至是美國的測謊試驗和法庭發誓，在表面上看起來或許荒謬可笑，但其實是很有道理的。

你們看起來似乎需要休息一下，何不在往下一站前進之前，稍微休息休息？如果你渴了，可以用杯子舀點神判法大釜裡的東西，那是夏威夷調酒。然後在火把後面的桌子上，我們一進來那邊，你會看到熱鐵試驗形狀的餅乾。

〔人們蜂擁到桌子前。〕

小心點！這些餅乾不像試驗真正使用的鐵塊，可是很燙的。休息過後再跟著我走吧！

3

FSBO:
LIKE-NEW,
PREOWNED WIFE

所有者自行販賣：「二手」妻子，像新的一樣

雖然外表有時候會騙人，但有時候卻異常精確。以我自己為例：我身高五呎七吋，體重一百六十磅，算不上大家認為的運動員身材。也確實如此，我沒什麼運動細胞，無論是速度、力量，或是敏捷爬上樓梯的能力都沒有。

曾經有幾年的時間，我不願面對這個事實。青少年時的我熱愛棒球，渴望加入球隊。我住的鎮上的少棒聯盟的人心地善良，願意讓任何用雙腳走路的人參加，所以我才有機會打球……算是啦，不過我表現得很爛，而且大家都知道。我的父母、少棒隊教練，還有隊友更有切身之痛。我大部分都是坐板凳，少數不得不派我上場時，我的表現是用左眼「接」高飛球和閃躲投手投過來的球（我會怕）。

我想在潛意識中，我也知道自己糟透了，但否認的力量太強，所以我仍繼續打球打了好幾年。最終，少棒聯盟的隊友不再那麼年幼，而比賽觀眾也不再那麼包容。當我搞砸時，他們不再是驚訝好玩，而是尷尬，甚至是憤怒。我領悟到，是時候面對現實了：我可能永遠打不到球、接不到球，甚至沒辦法傳出有幫助的球。我「退

休」的決定讓每個人都鬆了口氣，除了我自己以外。

你或許聽別人說過，只要你的渴望夠強烈，就一定能夠達成目標。這句話簡直狗屁不通。自然是我們最大的限制，會摧毀眾多的夢想。我幾乎不再關注大聯盟的消息，直到發生了一件影響我經濟利益的事，才讓我振奮起來：日本的天才投手松坂大輔加入。

松坂的大聯盟生涯從紅襪隊開始，在那之前，他是日本職棒聯盟西武獅的投手。紅襪和其他幾支大聯盟球隊都想從西武獅挖角他，而他也想離開日本，加入大聯盟。為了達成目標，他必須先付清違約金，但問題是他並沒有錢。為了解決像松坂這樣的情況，美國大聯盟和日本職棒發展出所謂的「入札制度（競標制度）」，讓想要挖角與日職簽約選手的球隊祕密競標，爭取和選手交涉的權利。大聯盟球隊和挖角的對象不同，有綽綽有餘的資金來支付違約金。舉例來說，紅襪隊在競標中花了五千一百一十萬美元成功爭取到交涉權。

如果日本球員能和得標球隊達成協議，就能從當前的日職合約中脫身，如願與得標大聯盟隊伍重新簽約。和日職球隊相比，日本球員

對大聯盟隊伍來說更有價值；而日職隊伍得到競標的收入，對他們來說也比離開的球員更有價值，每個人都是獲利者。換句話說，入札制度將日本球星、美國球隊和日本球隊的誘因整合，所以能獲得交易帶來的好處。

　　這個系統反映了生命中相當簡單，卻又極度重要的事實：潛在的交易獲利不必永遠只是潛在的。當阻礙出現時，人們能找到聰明的方法來克服，這也是下一個「靠！什麼鬼？！」習俗的重點。就在這簾子後面：

注意到我站在拍賣會的舞台上了嗎？我後面這張結婚照是十九世紀英國的拍賣妻子，脖子上綁繩子的女士才剛在公開的拍賣會上被丈夫賣給牽繩子的這位男士，也就是她的新丈夫。

〔有位男士舉起手。〕

這麼快就有問題了嗎？

「這也像神判法一樣，如今還在某些地方施行嗎？我可以把我太太賣掉嗎？」

你太太該不會剛好是上一站問了折磨問題的可愛女士？是的話，我們或許能想個辦法……

「不，不，我太太為綠色和平組織工作，她很……」

我懂了，那麼還是不要好了。

回到這張照片，左邊的女士在工業革命時期的英國被以妻子的身分公開拍賣。從十八世紀早期到十九世紀末期，超過一百年的時間

中，英國勞工階級的夫妻（這位女士也是其中之一）會把另一半賣給出價最高的投標者。1

販賣妻子的步驟和一般販賣牲畜的方式一模一樣，這似乎蠻恰當的，因為販賣的地點也和家畜一樣，是公開的市集或市場，而丈夫會在她們脖子綁上繩索，像牛一樣地牽出去。2

為了確保拍賣會觀眾和投標者夠多，販賣妻子的丈夫有時會僱用宣傳人力，在街上搖鈴鐺，宣告即將到來的拍賣會的地點和時間3。這位摩薩斯·梅格斯雇用的宣傳者的台詞就很簡短：

> 一位女士 ——
> 和她的小嬰兒 ——
> 即將要 ——
> 被拍賣 ——
> 在市場 ——
> 這個下午 ——
> 四點鐘 ——
> 她先生 —— 摩薩斯。4

也有的丈夫會用當地的報紙來做廣告，就像十八世紀晚期的這則廣告：

> 我的妻子珍·赫伯德，以五先令販售。她身形結實，站得很挺，四肢健全。她能耕作、犁田、收割，會服從任何能

嚴厲管控她的男人。她天殺的嘴硬又
死腦筋，但如果妥善管理，就會像兔
子一樣溫馴。她常會犯錯。身為她的
丈夫之所以要和她分離，就是因為實
在承擔不起。請洽詢 *Printer. N.B*，她
所有的衣服都會連帶一起贈送 5。

或是選擇張貼公告，像下面這一位：

公 告

在這裡告知大眾詹姆斯・柯爾要
公開拍賣他的妻子。她是個端正、乾
淨的女子，年紀二十五歲。拍賣的地
點在新旅店，下個星期四晚上七點。6

這些方法真的有用，妻子的拍賣會通常能
吸引上百個參與者，有時甚至上千人。7 若要
在公開的市場進行拍賣，丈夫必須像每個攤販
那樣付市場費，有時也得付通往市場道路的過
路費。一旦進入市場，他可以帶著妻子四處走
走，讓潛在的買主能看個清楚，而後妻子則會
和牛馬一起開放競標。

競標的主持人會先宣傳妻子的優點和價

值，丈夫可能會聘請專業的主持人，但也可能自己登場。舉例來說：「來自巴克羅教區的亨利‧布倫姆拍賣自己的妻子，像秀場主持人那樣介紹她的優點。」8

　　而我們的梅格斯先生也決定自己來：「小姐先生們，請各位注意這裡……她是個很好的造物……好好管束，用一點鞭打就會表現很好……她可以帶一百半的煤炭從坑裡走整整三英里；能賣得很好，還能在三分鐘之內都吞下肚裡……現在各位啊，準備好，好好投標啊……我帶她從付費公路來的，還付了錢來賣她。我用韁繩牽她來的，任她哭喊了……現在各位先生們，誰要下注啊？來吧，來吧，來吧！這邊的人說我不能拖時間，不能拖啊！來吧，就六先令開始！」* 15 9

　　大部分的丈夫們確實會在拍賣前大肆宣揚妻子好的一面，但有些人的描述也出乎意料地老實。看看下面這位仁兄對妻子的說法：「先生們，我得向你們推銷我的太太……要賣給最高貴正派的投標者。先生們，我和她都覺得要永遠分開。她對我來說就是個蛇蠍女子，我為了自己的舒服，也為了家裡好才要她，但她成了我的折磨者，家裡的詛咒，夜晚的夢魘和白晝的惡魔……現在，我已經告訴你們她的黑暗面和缺失了，該說說她光明的部分，解釋她的優點。她會讀小說，也會擠牛奶；她哭和笑都收放自如，就像你口渴時喝杯麥酒那麼簡單……她會做奶油也會罵女僕；會唱摩爾人的歌也會編織荷葉邊；她不會釀蘭姆酒、琴酒或威士忌，但有多年的喝酒經驗，能分辨它們的好壞。我已經說了她的好處和壞處，總價是五十先令。10」而觀眾則

說他的妻子是「優雅、有活力、豐滿」的女人。

其他丈夫的誠實，則或多或少反映了她們妻子比較顯而易見的「特徵」。因此，約克的一位先生大概很難不提到太太的問題，用一句旁觀者的話：「她的問題很難避而不談，畢竟少了一條腿，只好裝上木腿。」或許是出於相同的理由，另一位拍賣者承認自己妻子「只有一隻眼睛會看人，另一隻都盯著天花板打量。11」

描述完待價而沽的妻子後，拍賣者開始請群眾出價，丈夫則可以訂一個底價。超過底價的最高投標者，只要再滿足一個條件，就能擁有被拍賣的妻子，這我稍後會再討論。販售者對妻子的權利和義務，會轉移給購買者。在拍賣參與者和交易監督者的見證下，交易代表著一段婚姻的終止和另一段的開始。

大部分的拍賣都是最終定局，沒辦法退貨，不過可以轉賣，而有些買主很快就這麼做了。然而，有些丈夫則像良好的電器用品或家具銷售商一樣，採用試用期政策，讓妻子的購買者試用三天，如果不滿意，則可以用原價的百分之五十退貨 12。也有的給買主一整個月的時間，來決定是否滿意 13。為了讓交易正式生

*
15.
原文為較古老的英文，亦反映出說話者教育程度較低，用語等都較為俚俗。

效，有的買家和賣家會雇用律師，寫一張交易紀錄的收據，例如下面這張：

1766 年 8 月 24 日
備忘錄

來自薩默塞特省諾頓市秘薩摩教區的紡織工人約翰·帕森和同一區的紳士約翰·圖克在本日達成協議，以總額六磅六先令的價格現金交易。前述之約翰·帕森將對安·帕森的所有權利、擁有權、服務與要求，在她自然的一生中，都販賣轉讓給約翰·圖克。我，即上述之約翰·帕森在此見證，確實於上述之日期親手簽字。14

在其他的例子裡，買賣雙方則從市場的收費者那裡拿到正式的收據，例如接下來的這張：

1773 年 8 月 31 日

來自史塔福郡威林霍爾教區的薩穆爾·懷特豪斯本日將妻子瑪麗·懷特豪斯於公開市場賣給伯明翰的湯瑪斯·葛菲斯，價值一先令，瑕疵概不負責。15

也有人自己書寫備忘錄來使交易生效。16

〔先前想賣掉妻子的先生在仔細傾聽後，充滿好奇地打岔〕

「這些被賣掉的妻子都值多少錢？我願意用很低的價格，把太太賣給我們這團裡任何有興趣的人，只要⋯⋯」

我和一些朋友對這很有興趣，所以看了很多十八和十九世紀的英國報紙，找到英格蘭和威爾斯一共兩百二十二起妻子販賣的資料 17。這些交易從 1735 年到 1899 年都有，超過一百六十五年 18。其中有兩百零九筆資訊都提到妻子的價格，但不一定是金錢，酒精就是很常見的替代品。我們也發現有人用樂透彩券、晚餐，甚至是驢子來支付。

排除掉用貨品交換的例子後，我們把現金的面額轉換成通用單位（畢竟在一百六十五年間，金錢的價值會改變，必須做點調整），發現妻子的平均售價是五點七二英鎊（£，這邊用的是 1800 年的英磅）。然而，有些年份的價格比其他年份高很多。在 1860 年代，妻子的售價平均是二十五點二七英鎊，而 1770 年代則只有零點九三英鎊。

我看到後面有人好像迫不及待要發問？女士，請說。是的，這位長得像珍尼恩·加羅法洛的女士，請問您⋯⋯

「簡直不敢相信！你就冷靜地站在那裏，告訴我們把女生當成奴隸來賣，而且還那麼廉價！這種習俗太噁心了！簡直冒犯了全世界的女性！你竟然還厚顏無恥地把這放在『靠！什麼鬼？！』之旅裡面！這根本是父權主義、資本主義、厭女情節的壓迫者之旅！包含我這瞎起鬨的先生！」

〔兩度試著賣掉她這位妻子的先生滿臉通紅，躲到人群之後〕

請冷靜點，女士，妳嚇到其他團員了。我稱讚過妳美麗的項鍊嗎？想必所有綠色和平組織的人都很喜歡吧！請妳聽我……

「別想呼攏我，你這沙文主義的豬！」

我沒有要呼攏妳，我正想要……

「我說別呼攏我！」

看來英國販賣妻子的怪異習俗讓人感到有點……

「全世界的女性要團結！」

什麼？女士，如果妳願意讓我……

「全世界的女性要團結！」

女士，我只是想說……

「團結！團結！團結！」

〔女子稍微停下來喘口氣〕

妻子對自己的販賣有否決權！她們的販賣都是自願的！如果要賣給別人，就**必須得到她們的同意** 19。而「**許多例子似乎都因為妻子不喜歡買主而告吹**」20。

「所以，你是說這些拍賣會比較像是，『我是女人，聽聽我的怒吼＊16**』，把拍賣奴隸弄得冠冕堂皇？」**

〔女士的丈夫明顯放鬆了點。〕

就像我說的，妻子拒絕以後，拍賣會就會結束；而假如她願意的話，丈夫也能再次讓她上台，開放剩下的競標者出價 21。舉例來說，有位曼徹斯特的妻子「在幾次出價後以五先令

＊
16.
I am woman, hear me roar，是 1970 年代女性解放的歌曲，作者是 Helen Reddy。

結標，但她不喜歡買主，所以再次拍賣，起價是三先令和一夸脫麥酒。22」

當然，所有的市場都會有詐欺的賣家，有些丈夫會試著違反妻子的意願進行拍賣，假裝經過對方同意。不過這樣的拍賣通常無法成立。歷史學家 E・P・湯普森蒐集 1760 年到 1880 年，共兩百一十八起妻子拍賣的資料，發現只有四起的丈夫是違背妻子意願進行拍賣的 23，而更只有一起交易成立，而這起強迫拍賣的真實性也受到懷疑。交易完成後，這位「心不甘情不願」的妻子寫信給法官，但不是為了抗議拍賣違反自己的意願，而是不滿前夫不遵守拍賣合約的內容，竟然還想和她的新任丈夫要更多錢！

一份十九世紀的期刊提到，「這類拍賣最奇怪的是，被拍賣的女性似乎對於改變滿心歡喜，反倒不太介意過程中受到的羞辱和委屈。24」這是千真萬確的！舉例來說，一位在史密斯菲爾德市場被拍賣的女子「宣稱這是她一生中最快樂的時刻 25」。而在白教堂區，也有一位女士「興高采烈地和新的主人離開 26」，另一位「對這改變顯得欣喜若狂 27」。

這情形看似奇怪，但如果我們知道這些太太都是出於自身意願才被拍賣，那麼就顯得合情合理了 28。她們想脫離原本的婚姻，對此也毫不諱言。舉例來說，一位在唐橋市場被拍賣的妻子「說丈夫是個一無是處的混帳，她已經忍無可忍 29」。另一位也很開心被丈夫賣掉，因為「受夠他了 30」。還有一位說她的「前夫豬狗不如，很開心能擺脫他 31」。

而對於這些拍賣妻子的丈夫的描述，更讓我們理解為何妻子們

熱切地想被賣掉。「拍賣妻子的丈夫很少能用英俊來形容，大部分都是酒鬼，沒辦法溝通，藐視教會」，而且「長得獐頭鼠目，揮霍成性或有惡習」，是「怠惰放蕩的勞工 32」，長相難看而個性惡劣。

相較之下，購買妻子的男士則有吸引力得多，通常來自較高的社會階層，經濟也較為闊綽。「幾乎在所有的例子中，妻子都經歷向上的社會流動，沒有任何新任丈夫的社會階級顯著低於原先的。33」換句話說，被拍賣的妻子其實是賺到了。

〔嚼菸草的男人舉起手。〕

美國隊長有問題啊？

「這些和你剛剛說的那個打棒球的，松阪豬什麼的，到底有什麼關係？」

你說松坂大輔？沒錯，要了解我想表達的，就得先搞清楚為什麼這些妻子想要被賣掉。既然拍賣得經過她們的同意，那她們肯定也有所求。

〔一位團員大喊了什麼。〕

你說什麼？這裡有點吵，而且還有人一直在敲東西……

〔尋找噪音的來源，看見一位戴了玻璃義眼的男士。〕

先生，可以請您不要再用筆敲您的眼睛了嗎？！

〔剛才大喊的團員又喊了一次。〕

「我是說，更好的丈夫！你說她們的前夫又醜又窮又惡劣，而新的丈夫比較有錢又體面，像喬治‧克隆尼那樣，這已經告訴我們她們想要什麼了。」

我的確這麼說了，但如果她們想要新的丈夫，為什麼不和舊的離婚，再婚就好了？為什麼要公開拍賣？若要回答這個問題，就要先知道工業革命時代英國對結婚和離婚的規定，以及這和我們美國隊長問的職棒競標方式有什麼關聯。

當時，法律稱未婚的女子為「feme sole」（單身女性），可以擁有財產、簽訂合約、享有個人自由。若從這個觀點看來，她們在法律上的地位和男性相同。結婚的女性則稱為「feme covert」（受保護的女性），但這「保護」代價很高，婚前所有的財產和收入，包含遺產、薪資和房地產的收入等等，都會歸為丈夫所有 34。

同時，她們也失去簽訂合約的資格，和絕大部分法律上的權益。除了權利之外，丈夫也必須負擔隨之而來的義務，例如債務責任等。幾乎可以說女性在結婚後，就成為丈夫的財產，丈夫可以「無緣無故」毆打她、要求她進行性事，甚至「在犯下嚴重的錯誤時，可以限制她的自由，將她囚禁在家中」35。

不過妻子還是保留了一些重要的人權，丈夫不能殺害或傷害她們、將她們販賣為奴，也不能強迫她們為別人進行性服務。可以說丈夫在法律上對妻子的權力極大，而放棄財產權的妻子則會受到法律保障，丈夫必須對她（和她的孩子）負起撫養責任。

〔安妮雅舉起手。〕

安妮雅？

「就這樣？女性犧牲了財產和自由，得到的就只有食物和遮風避雨的地方？為什麼有人要這樣？我是說，到底為什麼要結婚？」

沒辦法啊，在那個時候，女性的工作機會

微乎其微，薪水又比男性低，很多勞工階級的女性賺的錢不夠養活自己，更別提孩子了 36。養兒育女還是需要男性較高的收入，而這是婚姻能帶給她們的。

〔前排一位女士打岔。〕

「那麼愛呢？有人為了真愛而結婚嗎？」

當然有，而且在選擇拍賣妻子的勞工階級中，為愛結婚還挺常見的 37。不過，即使是為愛結婚，婚姻還是可能會崩潰，現代不也如此嗎？可能是其中一方在物質上提供的不夠，或是性事不合，甚至生不出小孩、不夠愛了等原因。如果結束婚姻後的生活（無論是單身或換了伴侶）看起來更美好，那麼與其留在不快樂的婚姻中，還不如選擇離婚。

理論上，工業革命時代英國的法律給予丈夫或妻子脫離婚姻的權利，只要符合以下兩種情況，就無須經過對方同意：通姦或危及生命的虐待。然而，實際上似乎只有丈夫能隨心所欲，在不經過妻子的同意下離婚，而妻子往往必須得到丈夫的准許。分手的夫妻如果想要各自再婚，唯一的方法就是透過議會私法法例 38。

〔人群前排的女士再次打斷。〕

「你的意思是說，當時唯一的離婚方式，就是要政府通過一條特

別法案來讓你這麼做？」

就是這個意思。

「靠！什麼鬼？！」

如果一位不快樂的丈夫能證明妻子通姦，而且負擔得起必要的法律程序，就能用這個方式離婚成功。第一步是申請法律上的「食宿分離」，這個步驟只能在教會法庭進行，通過後夫妻就能分居。法院會判給妻子贍養費，因為丈夫有義務撫養妻子，而他們的婚姻技術上尚未結束。然而，如果妻子犯下通姦，就會失去被撫養的權利。

在得到法律上的分居後，通常尋求私法法例的丈夫會控告妻子和她的外遇對象有「犯罪對話」，這是委婉的法律用語，指的是和有夫之婦上床 39。如果告贏了，就能成為妻子通姦的有力證據。

如此大費周章地滿足了議會立法的條件後，丈夫才能順利和妻子離婚，並且不必再盡任何財務上的義務，雙方也都能各自再婚。這個過程所費不貲，甚至可能超過上千英鎊，

而十九世紀晚期低技術性的勞工就算做得不錯，一週的薪水也僅有七十五便士40。因此，唯一的官方離婚方式在勞工階級完全不可行。

不快樂的妻子同樣也能透過立法來離婚，但得面對更艱鉅的挑戰。因為已婚女性欠缺法律上的權利，她必須透過法律事務所才能採取法律行動。光是丈夫通姦不夠，她必須證明丈夫有加重行為，例如亂倫或重婚。要舉證加重行為很困難，甚至有議會成員在妻子控訴丈夫反覆毆打時，當面笑了出來。

從 1700 年這樣的程序建立，到 1857 年廢止的一百五十七年間，共有三百三十八個人試圖和伴侶離婚，其中只有八名女性。三百一十八位丈夫成功離婚，但只有四位妻子達成目標41。

雖然在工業革命時代的英國，唯一的官方離婚方式是透過私法法例，但實務上還有幾種夫妻分手的非官方手段存在，無論合法或非法都能達到相同的目的。我剛才提到的法律上的分居就是其中一種，假如不快樂的丈夫能證明妻子通姦，法院就會判他分居，且不必支付贍養費。即使無法證明，他也能用些手段來達到目的，例如把妻子踢出家門。

大家應該還記得，法律規定丈夫必須提供妻子住居，所以假如丈夫驅逐妻子，她就能透過事務所控告他違反婚後同住的權利。法院會命令丈夫把妻子接回去，若丈夫拒絕，則會判給妻子分居和贍養費。如果丈夫不想付錢，可以等妻子對別的男人投懷送抱，控告她通姦，以後就不必再支付任何贍養費了。

對於不快樂的妻子來說，和丈夫分開就難多了。法律原則上允許她們以通姦或危及生命的虐待申請分居42；但實際上，唯有她們

能提出丈夫偷吃的證據，例如傳染性病，法官才會判決通過，而加重行為就更難證明了。更甚者，和不快樂的丈夫不同，妻子們沒有後門可走，不可能把丈夫踢出門去。

還不只如此，即使不快樂的妻子真的申請分居成功，她在法律上的定位仍是「feme covert」（受保護的女性）。就像林賀斯特勛爵 1856 年在上議院說的，這讓她「幾乎被褫奪所有的法律權利，沒辦法簽訂合約，即使簽了也無法履行。法律非但沒有保護她，反而壓迫她，讓她無家可歸、無助而毫無希望，幾乎沒有任何公民權利，可能會受到任何不公不義的對待，遭受算計或被逼迫。她可能受到各種委屈，人格飽受凌辱，卻無法反抗，只能巴望敵人大發慈悲。43」

如果法律上的分居讓妻子幾乎陷入褫奪所有權益的狀態，那麼接下來這個實務上的手段就會真的讓她成為流民了：遺棄。要遺棄妻子很簡單，不快樂的丈夫只要打包行李，搬到其他郡，或是到海外工作就好了。當妻子回到家後，就會發現丈夫消失無蹤。

遺棄是違法的，法律規定丈夫必須供給妻子的所需。假如遺棄的丈夫被移送法辦，教會

法庭可以命令他支付贍養費。不幸的是，被遺棄的妻子很難將這些
丈夫繩之以法。教會法庭只有一個方法能直接強迫贍養費的支付：
逐出教會。但在十八世紀，大部分的人都不把這懲罰當一回事 44。

　　相反的，不快樂的妻子就沒辦法東西收收走人，因為她們通常
沒有任何財產，也沒有財產權，要找到工作更難如登天。雖然的確
也有單身的妻子順利養活自己，但小孩常會帶來額外的負擔，而結
果通常是陷入貧困 45。最重要的是，逃走的妻子很容易被抓到。教
會有稱為「濟貧助理」（*overseers of the poor*）的人員，負責在
各郡管理發送救濟物資給貧苦的人民。他們會監控社區的新面孔，
找出可能需要救濟的人，並把他們趕走。通常，這意味著要特別注
意單身的女性，因為她們的工作機會很少，薪水很低，沒辦法自己
活下去。

　　第三種實務上的離婚手段和遺棄很像：私奔。對不快樂的丈
夫來說，和未婚女性私奔和遺棄妻子一樣，都能簡單達到非正式的
離婚。然而，對不快樂的妻子來說，這還是難上許多。私奔能讓不
快樂的妻子克服遺棄帶來的問題：和別的男人私奔，代表會有穩定
的經濟來源。但卻有另一個問題：如何祕密地和情人遠走高飛？丈
夫通常會對妻子密切監控，如果妻子有了情人，他們不太可能不知
道，或至少會懷疑妻子和別的男性有一腿。起了疑心的丈夫會有許
多方法能防止妻子私奔，畢竟妻子是他的「財產」。

　　工業革命時代英國最後一種實務上的離婚方式，則是私人的分
居協議，夫妻簽訂合約，免除彼此一些婚姻上的義務。典型的協議
中，丈夫會同意支付妻子一些金援，並歸還部分的法律權利；作為

交換，妻子則透過代理人，同意與丈夫分居，
並免除他們未來債務上的義務。在某些私人協
定中，雙方都同意即便可能出現違反婚姻法律
的情事，也不會用司法程序騷擾對方。這樣的
條文目的在於確保丈夫承諾，不會控告妻子現
在或未來的情人通姦。

　　私人分居協定也給了不快樂的妻子一些
談判的籌碼。英國法律規定丈夫必須供給妻子
的生活，而為了換取分居的許可，妻子可以在
私人合約中同意降低價碼。但即使如此，妻子
還是處境困難，因為直到 1840 年代，分居協
議在法庭上都未必具有效力，畢竟根據官方的
規定，夫妻不能私底下免除婚姻的義務 46。意
思是說，如果原先簽字同意分居的丈夫改變心
意，就可以強制把她押回同居，或是在法院中
成功取回婚姻的權利。可以說不快樂的妻子能
獨居多久，全要看丈夫的心情。

　　除了執行上的問題以外，不快樂的妻子雖
然有談判籌碼，但也要能夠說服丈夫私下協議
來換取較低的贍養費支出。根據法律規定，贍
養費的多寡由丈夫的收入決定，對於有錢的丈
夫來說，砍價空間很大，但對於貧窮的，可能
就沒什麼差別，不值得為此放棄想留住的妻子。

〔一位團員打岔。〕

「所以説，因為工業革命時期英國的婚姻相關法規，不快樂的丈夫可以隨心所欲離開妻子，但妻子要離婚卻非得經過他們的同意不可？」

你抓到重點了，不過這麼說有點太偏激。有些想要離婚的丈夫沒辦法，因為法律不允許；有些不快樂的妻子也違反丈夫的意願，透過我剛才提到的管道，順利離婚。不過還是有很多不快樂的妻子，特別是勞工階級的，沒辦法這樣。

我看到有些人舉手了。那位看來不太擅長社交，動作有點像機器人的先生，你想問什麼呢？

「我是經濟學家。」

我也是。你父母想必以你為傲。你的問題是？

「我知道你想説什麼了，你要我們相信英國的妻子拍賣是不快樂的妻子逃離婚姻的方法，因為法律基本上規定要經過丈夫的同意。拍賣就像是在賄賂他答應。」

說得好，先生，這正是我要說的，我……

「但你的分析有個問題。」

什麼問題？

「你忘了高斯定理（Coase theorem）。」

　　恐怕我們兩個是這裡唯一知道高斯定理是
什麼的人 47，你願意好心為大家說明一下嗎？

　　「高斯定理說，無論法律將財產權指定給
誰，只要交易所費不致於太高，那份財產就會通
過交易，來到最珍視其價值的人手中。在這個例
子裡，無論目的意圖為何，英國的法律會把妻子
婚姻地位作為財產權，判給丈夫。所以假如妻子
比丈夫更重視這個權利，因為她想脫離婚姻的渴
望，更勝於丈夫想維繫關係，那麼她們可以直接
向丈夫買這個權利。」

　　沒錯，高斯定理其實就是在說人們會不
斷交易，直到被交易的物品來到最珍視的人手
中。然而，為了要……

　　「但這就是你出錯的地方。」

是從哪裡出錯了呢？

「高斯定理。這是為什麼你希望我們相信的故事是錯的。如果英國的婚姻法規定妻子要取得丈夫同意才能離婚，她們只要付錢給丈夫就好了，根本不需要把自己公開拍賣。」

沒錯，但你忘了高斯定理背後最關鍵的假設。如果不快樂的妻子想買回脫離婚姻的權利，她們就得先有點什麼，像是財產權、收入、土地之類的，才能用來支付給丈夫。

「那當然，如果任何人要買任何東西，一定要有東西來支付給賣家，但這不是理所當然的……」

不，並非如此。

「什麼並非如此？」

並非在所有的情況中，買家都有財產權能拿來買東西 48。或許你沒有專心聽我剛才解釋工業革命時代英國婚姻法的時候。

「你說那些荒謬故事的時候，我神遊去了，所以那個公式呢？」

誰可以告訴這裡的史巴克* 17（Dr. Spock），我剛才說到，工

業革命時期妻子的財產權怎麼樣？

〔一位女士舉起手〕

麻煩妳了，女士。

「她們完全沒有！」

　　沒錯，大部分的妻子沒有任何財產權。結婚的時候，她們所有的財產權都會轉移給丈夫。因此，法律規定下，大部分妻子的薪資、地產，或是任何能用來跟丈夫購買離婚權的東西，都屬於她們丈夫了。

〔經濟學家開口。〕

「喔喔喔！我現在懂了！」

請繼續說下去……

「想要脫離婚姻的不快樂妻子需要丈夫的同意，因為法律把妻子婚姻狀態的權利分配給丈夫。如果妻子想離婚，勝過丈夫想維持婚姻，她

*
17.
《星艦迷航記》(Star
Trek，又譯《星際爭霸
戰》)的角色，在聯邦
星艦企業號上擔任科學
官及大副，人際互動方
面猶如機器人般生硬不
通情感。

們本來可以付錢來買，但她們沒有任何財產。所以夫婦倆得找到有錢這麼做的人，而且是比現任的丈夫更珍視妻子，而且妻子對他的好感也要勝過對現任的，拍賣才能成功！你一開始說的日本職棒聯盟的競標系統也是這個原理！」

完全正確，看來你還是有在聽，還記得我說的松坂大輔的事。妻子拍賣這件事反映出離婚中夫妻的談判：丈夫想要維持關係，而妻子則一心求去。這讓不快樂的妻子在法律不准許的情況下，能從丈夫手中買入脫離婚姻的權利。從這點看來，妻子拍賣和日職的競標系統就很像，在球員沒辦法自己付錢脫身情況下，借用美國大聯盟球隊的財力來開啟談判。競標系統整合了日本球隊、合約球員與美國球隊的誘因，促成三方都能受益的球員交易；同樣的道理，妻子拍賣給了丈夫、不快樂的妻子和追求伴侶的男士足夠的誘因，促成三方都受惠的離婚交易。

〔剛才說話的女士又舉起手。〕

女士，有什麼話想說嗎？

「我聽不懂。」

那我舉個例子好了。想像有一對十八世紀的英國夫妻，海蒂和賀瑞斯，賀瑞斯喜歡海蒂，他認為海蒂做為妻子的價值是五英鎊。

但海蒂討厭賀瑞斯，對於賀瑞斯做為丈夫的評價是負七英鎊。她想要離婚，但必須經過賀瑞斯的同意。賀瑞斯也願意把離婚權賣給海蒂，只要價格超過五英鎊就行，海蒂也欣然接受這個價碼。但她已經結婚了，所以沒有任何財產權，所以不可能直接進行這樣的交易，她所有的財產都已經是賀瑞斯的了。

然而，間接的交易卻可行。想像有這麼一位英國單身漢賀蘭德，是這對夫妻的鄰居，比賀瑞斯更愛海蒂，認為海蒂做為妻子的價值是六英鎊。更甚者，海蒂也愛賀蘭德更勝賀瑞斯，認為他做為丈夫的價值是一英鎊。賀瑞斯知道這一點，所以有了以下的提議：假如賀蘭德願意付五鎊半，就能買下海蒂。與海蒂不同的是，賀蘭德的財產不屬於賀瑞斯，所以可以順利交易。賀瑞斯能賺進零點五鎊，賀蘭德也賺進零點五鎊，而海蒂則得利八英鎊。因此，海蒂和賀蘭德都同意賀瑞斯的提議。

〔女士又舉起手。〕

怎麼了？

「我現在懂了！但還有個問題，你剛才說強迫的拍賣很少，這又是為什麼？我的意思是，你說拍賣得經過海蒂同意才行，但你也說英國法律基本上剝奪了妻子的所有權利，那丈夫為什麼不違反妻子的意願直接把妻子賣掉就好？」

要記得，雖然英國工業革命時期的法律剝奪了大部分妻子擁有財產的權利，也幾乎可以說給予丈夫妻子的所有權，但我也說了，法律並不允許他們奴役自己的妻子，也不允許把妻子當成奴隸來販賣。

因此，假如丈夫真的違反妻子的意願，把她賣給別人，而那人又強迫將她占為己有，那麼她極有可能會一有機會就逃跑，尋求地方司法機構的保護；而在那之前，很可能已經有看不過去的家族成員或熱心的民眾先去通報了。除了強迫販賣妻子的丈夫可能會面對法律問題，購買者也有同樣的狀況，而且可能剛買不久就會失去，這麼看來強迫拍賣實在是虧本生意啊。因此，單從實際的層面來看，如果買賣雙方都要獲利，還真的非要妻子的同意不可。

〔女士贊同地點頭，但經濟學家打岔了。〕

「等一下！」

又怎麼啦，史巴克？

「在你用那個幼稚的海蒂賀瑞斯故事間接解釋高斯定理的時候，

我聽到一些數字，所以就專心聽了一下。」

　　還真是謝謝你了，但那已經是十分鐘前的事了，你想必……

「但你還是有點問題。」

　　什麼問題？

「你的例子說明了為什麼英國已婚夫妻要拍賣妻子，但沒有解釋為什麼是公開拍賣。賀蘭德是賀瑞斯和海蒂的鄰居，公開拍賣的意義在哪？」

　　史巴克提出的問題不錯，在我的例子裡，比較珍視海蒂的賀蘭德剛好是夫妻的鄰居，一切非常方便，但假如不是呢？這麼一來，他可能根本不知道自己有機會買下海蒂。更甚者，賀瑞斯和海蒂或許也不會知道有賀蘭德這個機會存在，能帶來雙贏的結果，於是交易就不會發生。最重要的是，海蒂始終無法獲得脫離婚姻的權利。

　　如果不是剛好住在隔壁，賀瑞斯和海蒂又

要怎麼找到適合的追求者？如何找到比賀瑞斯更珍視海蒂做為妻子的價值，而又比賀瑞斯更受到海蒂青睞的人？

〔經濟學家聳聳肩。〕

只能透過公開的拍賣會了。他們能在公開的拍賣會上發現潛在的追求者，願意對海蒂下標。賀瑞斯會依據海蒂做為妻子的價值訂下底價，並徵求買家。海蒂則在自己握有否決權的條件下，答應接受拍賣，並且在最高出價者不如賀瑞斯的情況下，行使否決權。

從賀瑞斯的角度來看，公開拍賣還能達到一個目的：找到最珍視海蒂做為妻子的人（而海蒂也能接受），並且用最高的價錢賣出海蒂脫離婚姻的權利。公開拍賣也確保海蒂能找到比賀瑞斯更好的丈夫，順利成為最珍視她的追求者的妻子。

〔長得像珍尼恩・加羅法洛的女士看起來很生氣，舉起手。〕

我可以點妳說話，珍尼恩，但妳得答應我不要像之前那樣發飆。

「這交易對所有牽涉在內的男人都非常開心愉快，但女性呢？男性對不快樂妻子的剝削實在很可恥，而且……」

別忘了，拍賣要經過妻子的同意，所以……

「是啊，她們要同意。但你剛才説了，妻子也可能被丈夫毆打、監禁，被貶低得一文不值，這種時候同意不同意又有什麼意義？」

沒錯，這樣的情況很讓人痛心，但妻子拍賣還是……

「狗屁不通！我説，妻子拍賣應該消失！打倒資本主義的父權！打倒……」

又來了。聽著，是英國法律給了丈夫這麼多對妻子的權利！在這種法律的前提下，妻子拍賣事實上改善了她們的福祉。如果沒有妻子拍賣，那麼即便有更好的婚姻對象，她們也被迫留在痛苦的婚姻中。還是說，你寧願這些妻子都被困在不快樂的婚姻中？

「呃，如果照你這種説法……」

大部分的例子裡，妻子的購買者似乎都是她們的愛人，這麼看起來，交易後的婚姻生活應該是美好許多吧 49，畢竟她們對新任丈夫的愛勝過前任 50。舉例來說，有一對夫妻認為妻

子拍賣是唯一的選擇，因為自從妻子對對面的鄰居產生強烈的「吸引力」之後，夫妻的生活就很不愉快 51。另一對夫妻分手的原因，則是妻子移情別戀，愛上一位偶爾晚上來家裡蹭飯的老礦工 52。

　　這樣的交易裡時常會有現成的高價買家（也就是妻子的愛人），所以有些妻子買賣並沒有經過公開的拍賣，而有些雖然舉行了，卻有內定的買家，買方、賣方和被拍賣者之間已經有事前的協議 53。如果拍賣妻子的丈夫很肯定妻子的情人會是出價最高的買家，就不需要再透過公開拍賣來尋找適合的追求者；相對的，如果他覺得可能有未知的追求者願意出更高的價錢，他或許仍會進行拍賣，試圖讓妻子的愛人再提高價碼。舉例來說，倫敦的一場妻子拍賣裡，雖然夫妻已經內定了買家，而對方也給出了要求的價碼，丈夫還是不斷高聲叫賣，企圖吸引一些人參與競標。但沒有人加入，所以他收下了原定的錢 54。

〔有人大喊。〕

「我有問題！」

請說吧，先生。

「我可以理解為什麼有些妻子想被賣掉，而丈夫很樂意用理想的價格脫手。我不懂的是買妻子的人，為什麼會有人想要太太還要用買的？」

很多買家都是妻子的愛人，所以購買是唯一能娶到理想妻子的方法。對於其他想要結婚的男士來說，買一位已婚的妻子要比「買」新的便宜得多，未婚的女子還要花錢和時間來追求。有些買家甚至不想花時間去參加拍賣會，而會僱用買賣經紀人來幫他們。有些時候，妻子的買主甚至不是想要尋找伴侶的男士，而是其他擁有財產權、能買下妻子脫離婚姻的權利的人，例如妻子的家人 55。無論買主是誰，畢竟買賣需要丈夫、妻子和買主的同意，我想三方面都能獲利。

最後面的年輕人似乎有問題？

「妻子拍賣合法嗎？我的意思是，英國法律都無所不用其極想防止夫妻離婚了，怎麼會允許這種販賣妻子的活動存在？」

妻子拍賣在法律上的定位很特別，雖然沒有明文許可，但多數人都相信這是合法而且有效的離婚形式 56。之所以如此，其實要怪罪公務官員對此模稜兩可的態度，有些人自己也搞不清楚 57。他們都知道妻子拍賣的存在，但大部分睜一隻眼閉一隻眼 58，有些甚至更進一步

參與拍賣，擔任收費者或市場的警衛。

技術上來說，妻子拍賣即是重婚，是違法行為，但不少法學家都表示，不清楚買賣本身是否被禁，而買賣方和負責安排的律師更不知道了。有位法官評論道：「至於拍賣本身，我不覺得有權利去禁止，甚至無法阻礙，因為這立基於人民延續下來的習俗，如果通過法律來廢止，可能會很危險。59」

官方很少對妻子拍賣做出懲處，即使有，也都很輕微60。這種自由放任的態度也說明了為什麼就算缺乏官方的法律許可，甚至明顯違反了某些法律，妻子拍賣仍然能在大庭廣眾下舉行，通常是人潮聚集的市場，旁觀者眾，報紙也會報給每個人看。

〔剛才的發問者又一次舉手。〕

你有更進一步的問題嗎，先生？

「所以妻子拍賣會終止，是因為官方決定要打擊這種行為嗎？是這樣嗎？現在已經沒有妻子拍賣了吧？是吧？」

妻子拍賣的黃金時期早已經成了歷史，但結束的原因倒不是官方加強打擊，而似乎是因為這手法不再那麼實用了。人們之所以需要妻子拍賣，是因為不快樂的妻子想要脫離婚姻，卻沒有財產權直接向丈夫購買離婚的權利。當妻子終於有權利以後，史巴克說的高斯理論就發揮作用了。不快樂的妻子終於可以直接向丈夫購買離開

的權利，而不需要透過仲介人。

　　轉變中很重要的一步，是英國 1857 年的婚姻訴訟法，給予妻子部分的財產權，宣告「取得法定分居狀態的妻子應該被視為『feme sole（單身女子）』，能擁有財產並簽訂合約」，並允許離家的女子擁有離開後賺到或收受的財產 61。法案也取代了勞神傷財的私法法例程序，能透過一般的法庭讓夫妻更容易獲得法律上的離婚，能夠各自再婚 62。

　　接著是 1870 年的已婚婦女財產法，影響又更深遠了。法案給予有自己的收入的妻子權利，讓她們擁有法案通過後獲得的財產，以及其衍伸的投資所得。更讓法案通過後才結婚的婦女，能擁有繼承的房地產的盈餘，能從直系親屬繼承部分財產，包含最高兩百英鎊的金錢，也能以自己的名義採取法律行動來取回這些財產 63。

　　1882 年時，已婚婦女財產法修法，帶來更大的改變。除了進一步釐清並擴張妻子能擁有的財產，涵蓋的範圍也更廣，不再受限於她們結婚或獲得財產的時間。這給了所有的英國妻子完整而不受約束的財產權，以及採取法律行動的權利，都和單身女子擁有的相同。

在新的法律環境中，不快樂的妻子不再需要用間接的手段向丈夫購買離婚的權利，於是妻子拍賣的需求銳減，而拍賣的場次也大幅減少。在我和朋友蒐集到的兩百二十二起買賣中，超過七成五都發生在 1857 年的重大修法之前，而後已婚女子就能擁有部分的財產權。超過八成是在 1870 年之前，新的法案進一步擴展了妻子的財產權。而超過九成是在 1882 年的最終修法前，新法給予所有妻子完整的財產權。根據我們的資料，1870 年到 1879 年間有十七起妻子拍賣，1880 年到 1889 年有十六起，而 1890 年到 1899 年則有十起。有位學者在 1900 年到 1909 年間找到九筆拍賣的資料，而在那之後就很少有紀錄了，最晚的紀錄則是在 1972 年 64。但在邁入二十世紀時，英國的妻子拍賣就已經是例外中的例外。

在 1870 年和 1882 年的立法後，妻子拍賣還是花了一段時間才從英國絕跡，其實這並不太意外。1870 年的某些重大規定只適用於通過法案後才結婚的女性，或是僅限修法後才獲得的財產。即使 1882 年的修法取消了這些限制，較為貧窮的女性還是面臨資金短缺的問題，而無法直接進行夫妻間的談判。1882 年的法案雖然給予妻子擁有財產的權利，能以此購買離婚權，但卻沒有給她們任何財產。

雖然一直到二十世紀，妻子拍賣才真正畫下休止符，但發生頻率或許早在第一次修法的十七年前就已經開始下滑，也就是 1840 年前後 65。我和朋友在 1830 年代的報紙中找到三十五筆妻子拍賣，而 1840 年代的數量卻僅剩一半。這當然有可能只是我們資料不足，或報紙的刊登模式改變，但也可能是因為 1839 年國會通過的嬰兒

監護權法案。法案規定，和丈夫法定分居的妻
子能得到七歲以下子女的監護權，且能在法院
認定適當時，探視較年長的子女。在此之前，
妻子所生育的兒女和她的其他東西一樣，都屬
於丈夫的個人財產，她們沒有監護權，甚至無
權探視自己的小孩。

　　1840 年妻子拍賣的案件下滑其實和我們
這一章討論的邏輯是相符的。嬰兒監護權法案
可以說給予妻子兒女的所有權 66。假設有些丈
夫很重視子女的監護權，不願意放棄，那麼法
案就給了想要再婚的不快樂妻子談判的籌碼。
1839 年後，她們可以答應不爭奪兒女的監護
權，以換取丈夫同意離婚。不過這些權利僅限
於法定分居的妻子，所以我不能把話講得太
滿。妻子拍賣下滑的幅度太大，不太可能只有
單一的原因，但這還是合理的解釋之一。

　　另一個可能的原因則是，當時夫妻私下的
離婚協議在法律上的效力提升了，1835 年時，
議會對其混亂的法律定位做出澄清，宣告非宗
教法庭應該承認這類協定中財務方面的條款。
接下來的十三年裡，立法者擴大了認證的範
圍，到了 1848 年就幾乎涵蓋了所有的面向。

　　要記得，私人的離婚協議至少在理論上

給予不快樂的妻子一些空間，能運用英國法律給她們的籌碼，也就是丈夫必須供給她們生活，來換取丈夫的同意。解決法律效力的問題，就等於減少了協議可能的阻礙，讓妻子透過私人協議提升脫離婚姻的機會，也就降低了對妻子拍賣的需求。

從表面看來，公開拍賣妻子給最高出價者的行為簡直是仇女的最高境界，瘋狂而不可理喻。但這也是為什麼光看表面是很糟糕的判斷方式。比較好的方法則是從誘因來理解。大家都還留著導覽一開始的紙條對吧？

當法律對丈夫和不快樂的妻子造成阻礙，沒辦法得到雙贏的離婚結果，她們也不會坐困愁城，而是發展出繞道而行的替代方案，在種種限制下找到最適合的參與者和誘因，讓拍賣妻子的丈夫、妻子的買主和被拍賣的妻子都能夠從中獲利。從誘因來理解，公開拍賣妻子給最高出價者的行為其實幫助了不快樂的已婚女子，是能夠繞過法律路障的聰明解法。

妻子拍賣的部分到這裡結束了，大家可以去上個廁所，做些該做的事，也請不要再一直敲您的眼睛了。接著，往這裡走，我要向大家展示下一個「靠！什麼鬼？！」的習俗了。前面這一站還有更多對社會問題的智慧破解法，而且比較……該怎麼說呢，比較不潔一點。

4

PUBLIC
USES FOR
PRIVATE PARTS

私密部位的公開使用

很久很久以前，有個小女孩名叫佩特拉，雖然長得可愛討喜，卻很愛咬人。如果遊樂場上有什麼事讓她看不順眼，她就會對招惹她的玩伴「動口」。但各位要知道，她並不暴力，大部分的時間都能和同伴和平相處，只是偶而會被惡毒或愚蠢的小鬼激怒而已。

〔團體裡有些人露出無法苟同的表情。〕

我注意到你們好像不太認同，但你又能指望佩特拉怎麼做呢？如果有家教不好的小鬼破壞她的玩具，她總不能呆呆坐在一旁吧？所以佩特拉會咬人，而且咬得很用力。

佩特拉的防禦技巧有點太出色了，她很快就發現自己強壯的下顎幾乎可以逼其他小孩做任何事，於是決定轉守為攻。

有一群「關心的家長」（也就是小鬼們的家長）聯合起來向她的父母告狀。他們覺得很羞愧，於是試著和她談談：「不管對方再怎麼差勁活該，妳也不可以咬人。」雖然父母下了禁令，但嘗到力量甜美滋味的佩特拉不想停止，再怎麼講道理也沒有用。

於是，佩特拉的父母換了另一種方法，告訴她：「如果小男孩或小女孩咬了別的小男孩或小女孩，聖誕老公公就會不開心。而聖誕老公公一旦不開心，可能就不會送他們聖誕禮物了。」

佩特拉嚇壞了，她一直以為聖誕老人可能有點傲慢自大，但還算善解人意。當然，他一定能理解她只會咬那些活該的人，那些先對不起她的玩伴，或許有些人是沒做什麼，但看起來也夠可疑了。

「不，」佩特拉的父母說：「聖誕老公公痛恨所有咬人的小朋友，而且會處罰他們。」

埋頭苦思了一陣子以後，佩特拉覺得自己最好不要再發揮咬人的實力了，唯有如此才能確保聖誕節得到適當數量的禮物。

多年以後，佩特拉念了大學，有個朋友告訴她有兩位同學發生衝突。朋友語帶興奮地說，其中一方在絕望中咬了另一方。聽到這裡，佩特拉一反常態，突然變得情緒激動，喊道：「不！這樣做太虧了！聖誕老人會處罰你！」

朋友驚訝地看著她，過了幾秒才說：「靠！這是幹啥？」

「喔，沒什麼。」佩特拉緊張地說。

「妳剛才是不是說，湯瑪斯不應該咬人，因為聖誕老人會處罰她？」朋友問她。

佩特拉無話可說。她已經把父母在遊樂場上的警告內化了，從那天起，因為害怕聖誕老人的怒火，她沒再咬過人。

朋友接著告訴她，聖誕老人根本不存在，就算存在，也絕對不會在乎她咬不咬人。佩特拉裝作不在意，她當然知道啊！老天，誰會相信聖誕老人，更別提他對咬人的看法了。

但在內心深處，佩特拉深受打擊。當然，已經快二十歲的她知道聖誕老人是虛構的，但在那一刻，她才深切感受到父母多年前欺騙了她。

幾分鐘以後，佩特拉不再感到羞愧和憤怒，反而會心一笑。她明白父母為什麼要欺騙她：為了防止她長大成人之後，還是咬人成性。父母不可能隨時隨刻待在她身邊，確保她表現良好，但他們可以設法誘使她在視線外也乖乖的，只要告訴她聖誕老人不喜歡咬人的人就好。於是他們這麼做了。

當我回憶起這一段，我還是……

〔一位團員大喊。〕

「你就是佩特拉嗎？」

什麼？當然不是！你覺得我會相信這麼荒謬的故事？佩特拉是個小女孩。

「那你為什麼這麼激動？而且你說
『我』。」

故事說夠了，你們已經有點概念了。有人
可以借我一張衛生紙嗎？好像有東西跑到我的
眼睛裡。

〔吸鼻涕。〕

往這走，你可以看到一塊肥皂：

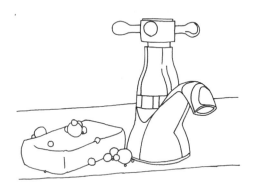

你們家裡廚房的水槽旁邊應該都有這麼一塊，用來洗碗、洗手……當然，珍尼恩可能沒有，「有機生活」比較好嘛！吉普賽人可能也沒有。

〔一位團員說道。〕

「吉普賽人不洗澡嗎？」

不，吉普賽人很愛乾淨，但他們不會用洗手的肥皂來洗碗，這太褻瀆了。

〔團員們看起來很困惑。〕

這其實反映了吉普賽人如何用對於私人部位的迷信來建立公共秩序。

〔茫然的眼神。〕

且聽我解釋。

「吉普賽」其實是宗教民族上的分類，指的是羅馬尼人，也稱為羅姆人 1。他們來自印度 2，但連吉普賽的專家也不確定為什麼他們會遭到放逐，只知道遷徙的時間大約從中世紀前期開始 3。

吉普賽人有幾個分支，其中在美國規模最大，也最重要的是弗

拉斯羅姆人（*Vlax Roma*）4。

〔*剛才提問的人插嘴。*〕

「美國有吉普賽人？你是說現代的美國？」

　　沒錯，而且超過十萬人5。我要談的是
1920年代到1970年代在美國的弗拉斯羅姆
人。這是段很長的時間，所以美國吉普賽的社
群一定經歷了不少變化，但我要談的信仰和習
俗是他們的民族根本，並沒有發生改變。

　　羅馬尼人最基礎的社會組成是大家庭
（*familia*）。許多個家庭（通常有血緣關係）會
組成吉普賽宗族（*vista*）。數個宗族在一起形
成「*natsia*」，也就是吉普賽「國家」。一共有
四個弗拉斯羅姆國家：卡德拉什（*Kalderash*）、
羅瓦拉（*Lovara*）、丘拉拉（*Churara*）和馬茄
瓦亞（*Machvaya*）。同一個區域中一起生活和
工作的吉普賽人，則會建立經濟上的合作關係，
稱為氏族組織（*kumpania*）。

　　吉普賽人有兩種領袖，貝瑞（*bare*）或
稱夏圖里亞（*shaturia*），以及普瑞（*pure*）。
前者是行政上的領袖，也是族中的第一長者，

負責管理宗族或社群成員間的日常互動，特別是經濟方面的。他也代表社群與非吉普賽的官方人員接觸，例如警察或社工。*Pure* 則是精神領袖，是吉普賽大家庭或宗族中令人尊敬的長者 6。

　　吉普賽人很迷信，非常迷信。他們的迷信反映在稱為**羅姆尼亞**（*Romaniya*）的規章中。這份規章是口耳相傳的習俗，規範了吉普賽人信仰體系中必須遵守的法則 7。

　　羅姆尼亞的核心概念是儀式的汙穢（*marime*）和純淨（*vujo*）。一件骯髒的物品可能不算儀式上的汙穢（*marime*），這時候就稱為「*melyardo*」。儀式上的汙穢指的是「性靈受到汙染」，而不像我們的珍尼恩一樣只是手洗不乾淨而已 8。

　　吉普賽人以腰部為界線，將人體分為儀式的汙穢和潔淨兩個部分。腰部以下由於有生殖器和肛門，所以屬於汙穢，而且汙染力有傳染性，如果毫無防備地接觸，可能會汙染當事人和其他與他有接觸的人。腰部以上的身體是純淨的，而頭部和汙穢的鼠蹊部距離最遠，所以最純淨。

　　吉普賽人的其他信仰和**羅姆尼亞**的規定，幾乎都從這個分界而來。我現在要向各位描述其中一些信仰，但沒辦法說得很全面 9，因為**羅姆尼亞**的本質是習俗，所以無時無刻都在演變，在不同的吉普賽家族、宗族或國家間也會不同。但原則是一樣的 10，這定義了吉普賽人的本質 11。

　　根據吉普賽的迷信，月經讓女性的下半身比男性更加汙穢，即便連她們穿的裙子也是汙穢的，因為會和下半身直接碰觸。就算只是裙襬輕輕擦過男性，也足以汙染對方。

　　假如吉普賽女子想攻擊吉普賽男子，不會動用拳頭，只要掀起裙子，露出生殖器，就能夠汙染對方。而走過坐在地上的男子，讓女性生殖器從他面前經過，或是在樓上走動，讓生殖器經過他的頭頂，都能達到同樣的效果。因此，這兩種狀況都應該避免。

　　準備食物時，女性必須穿著圍裙，把裙子隔開，才不會汙染食物。生理期時，她們則完全不能參與準備，因為圍裙無法阻擋如此強烈的汙染。生理期間，女性必須單獨用餐，否則造成汙染的風險實在太高。

　　想當然耳，性事是個敏感的議題，因為牽涉到下半身的直接接觸。事實上，連裸體都是個問題。只要女性的生殖器暴露在外，就很可能汙染她們面前的男性，所以在脫衣服時，必須背對著男性。

　　而衣服必須分開洗，不是依照顏色而是性別，才能避免女性汙穢的內褲汙染到男性的衣物，進一步弄髒穿衣服的人。同樣的道理，男性也不應該走過晾有女性衣物的曬衣繩下。

　　手也是個麻煩的問題，因為手會接觸到上半身和下半身。如果仔細清洗，可以避免碰到下半身的手汙染上半身，但吉普賽人還得採取

別的措施，來避免汙染到他們自己或他們接觸處理的事物。

他們不能在洗碗或餐具的水槽洗手，碰過下半身的手可能會汙染到水，水則會汙染到水槽，再擴散到碗盤和餐具，最後傳染到食物和吃東西的人。

同樣的道理，有位吉普賽人就說：「你不能把用來洗浴缸的海綿或抹布拿到廚房的水槽，不管你洗了幾百次都沒用，它都會是汙穢的，因為它碰過你清洗下半身的浴缸。12」而我剛才也說，如果拿來洗手，就連肥皂也會被汙染 13。

我們的下半身實在太過汙穢，所以直接提到器官本身或是其功用，也都是禁忌。吉普賽人如果想離開房間去上廁所，必須找其他的理由。就連打呵欠也會招來白眼，因為呵欠代表睡意，會讓人聯想到床，進而聯想到汙穢的意涵。

貓和狗都很汙穢，牠們會用舌頭清洗生殖器和肛門部位 14。吉普賽人必須避免與牠們肢體碰觸，若真的碰到，則得徹底清潔。

任何不遵守**羅姆尼亞**規則來確保純淨的人都屬於汙穢，因此，所有的非吉普賽人（根據定義就是不遵守規定的人）都持續處在強烈的汙穢狀態。吉普賽人必須謹慎地避免與他們接觸，以免遭到汙染。

當然也有些例外，不過純粹是出自經濟需求。然而，在這類場合中，吉普賽人也得小心翼翼。舉例來說，從事吉普賽占卜（*ofisi*）的人會用保護套蓋住椅子，來預防非吉普賽人的汙染。

吉普賽人不會讓非吉普賽人進到家中的私人生活領域。或許客人能進入客廳，但只能坐在保留給非吉普賽人的椅子上。相同地，

　　如果吉普賽人給非吉普賽客人食物或飲料，也會裝在特別的碗盤或杯子裡，再配上特別的餐具，都是保留給汙穢的人使用的。如此一來，他們才能避免自己或財產遭到汙染。

　　我看到有人舉手。女士，妳有話想說嗎？

　　「什麼鬼？這羅姆尼亞什麼的真是瘋了！你能想像要遵守這些規矩有多麼麻煩嗎？根本沒有道理⋯⋯」

　　〔安妮雅打斷她。〕

　　「吉普賽人會相信這麼奇怪的東西一定有理由，這就是我們這趟導覽的重點，對吧？我們得想想其中的誘因。」

　　太棒了！冰雪聰明！妳說得對，安妮雅，妳有什麼想法呢？

　　「呃，這一站你從一開始就告訴我們你父母，我是說佩特拉的父母，告訴她如果咬其他小孩，聖誕老人就不會給她禮物。所以或許這些吉普賽人的信仰也是同樣的道理？避免他們彼此傷

害？」

賓果！

〔有人呢喃了些什麼，聽不清楚。〕

那位頭型怪異的先生，有什麼問題嗎？

「我覺得你忙著和安妮雅調情，判斷能力都出了問題。她說的一點道理也沒有，吉普賽人早就有一套管理系統來防止他們互相傷害了，在美國這裡就是我們的政府。美國和之前說的賴比瑞亞或其他地方完全不一樣啊。」

你說得很有道理，但安妮雅是對的，也謝謝你這麼「巧妙」地讓大家注意到我對她的好感啊。

吉普賽人是自營業者，他們厭惡受薪的勞動，會竭力避免，只有少數的例外，像是偶爾會在別人的土地上從事季節性的勞務。吉普賽男性通常是金屬工人、補鍋匠或鋪路工人，也會幫人修繕屋頂，從事二手機具的維修和交易（在古代則是交易馬匹）。吉普賽女性則通常是占卜算命師[15]。

在非吉普賽人眼中，吉普賽人都是小偷。有些吉普賽人的行為更強化了這種刻板印象，會對非吉普賽人（他們稱為 gaje）進行詐騙或偷竊。吉普賽人對外人懷抱憎惡，「gaje」這個字大略就是「野

蠻人」的意思 16。運用智慧從外人手中得到金錢或財產是種美德，而不是惡行 17。因此，他們不介意詐騙算命的客人，或是設局陷害非吉普賽人 18。

　　為了要進行這樣的「經濟活動」，吉普賽人通常會和其他吉普賽家族、宗族或國家的成員形成合夥關係，也就是前面提到的氏族組織。他們傾注資本，建立算命事業，分工合作地鋪路、鍍錫、搭建屋頂。為了避免同業競爭，他們會劃分領土，每個合夥團隊在分配到的土地上都有獨占的營運權。

　　當然，這類的經濟合作關係也可能會變質，或許有人不盡力工作，有人詐騙合夥人，而壟斷區域的劃分也可能有爭議。爭執一多，就會威脅到吉普賽人互助合作、追求利益的能力。

　　吉普賽人的婚姻也受到經濟因素影響。他們通常會在比我們外人（非吉普賽人）年輕許多的時候結婚，而當男孩對女孩下聘時，他的家庭會付錢取得女方家庭的同意，也就是我們說的聘金。吉普賽人的婚姻也可能變質，而引發衝突，爭奪的內容不只是小孩的監護權或財產，也包含聘金的分配，於是威脅到吉普賽人

互助合作的能力。

在非吉普賽的社會中，預防或化解經濟和離婚的衝突是政府的責任。但在吉普賽社會無法這麼做，因為他們的經濟活動或婚姻通常都是違法的。

政府不可能強制執行竊盜或詐欺相關的協議，也不可能解決犯罪同謀間的問題 19。許多地方政府都禁止算命，而吉普賽人大部分無意取得政府規定的營業許可或執照，就擅自當起獨立承包人，做起自己的生意。

如果離婚的當事人打從一開始就沒有法定的婚姻，政府也不可能插手干預。吉普賽人無意取得婚姻認證，就算有心申請，很多時候也不會通過，因為他們通常尚未達到法定年齡。至於政府願不願意承認聘金，恐怕還是未知數了。除此之外，吉普賽人對於婚姻問題的看法，以及隨之而來的離婚財產分配，恐怕都和外人大相逕庭。

〔頭型怪異的男士打斷。〕

「好吧，吉普賽人沒辦法靠政府解決衝突。我還是無法理解他們為什麼需要汙穢之類的規定，為什麼不直接把做壞事的人丟出去就好？我是說，把他們放逐？我很確定有些民族會這樣。」

其他民族的確會這樣，而驅逐在維持吉普賽社會秩序的過程中，也扮演著重要的威脅。但以吉普賽的情況來說，光是抵制是不

夠的。

社會放逐要產生維護秩序的效果，必須配合一些條件。首先，社會的規矩，也就是法律，必須清楚定義什麼行為可以接受，而什麼不行。放逐本身不代表任何規則，只是執行的手段而已。

第二，社會的每個成員都要知道誰破壞了規矩，因此該被放逐。訊息的來源可能是親眼目擊，或是從其他目擊者口中得知。無論如何，都要得到訊息，假如人們不知道這些逾矩行為，就無法去放逐該被放逐的人。

這就帶出了有效放逐的第三個條件：確保社會的每個成員都確實抵制違規的人。假設你、我和一些其他人住在同一條街上，幾年前我們通過一條規矩，禁止在鄰居的草皮便溺。某天，當我散步經過你家門口時突然內急，又懶得走回家，所以就在你的花圃解放了。當時每個鄰居都正好看著窗外，所以知道我幹了什麼好事。

現在，你顯然非常願意抵制我，而且肯定會這麼做。但我和其他街坊鄰居都是好麻吉，他們真的很愛我。除此之外，他們也知道我的貓最近過世，不希望讓我更難過，所以不願意

抵制我。正因為我很清楚這些，才會在你的院子裡小便。放逐的威脅無法防止我破壞規矩，因為鄰居們覺得這個懲罰太嚴重，不願意施行。為了避免這個狀況，讓放逐發揮最大的效力，就必須要有足夠的誘因，讓人能不顧個人意願來抵制違規者 20。

最後，要使放逐的威脅有效，留在社群中的價值就必須高於離開社群。若否，那麼被驅逐的威脅就不足以讓人在違規前三思了。畢竟，如果能加入其他社群，得到更多機會，為什麼要害怕被原先的社群驅逐呢？

上述的每個條件對吉普賽的社群來說都是問題。以第一點來說，需要法規來定義違反社群的行為，而吉普賽人無法仰賴一般的政府和法律，所以沒有任何既有的規範能幫助他們管理商業或婚姻上的關係。

或是第二個條件，每個人都要知道違規者的身分。吉普賽人是流浪者，彼此間的距離時常很遙遠 21，這代表第一手的訊息可能只有少數人知道，而他們又總是在移動，所以在手機發明以前 22，社群成員間的溝通可說是相當嚴重的問題。因此，一直到不久之前，如果沒有第一手的訊息，恐怕很難得知誰破壞了規矩 23。

而第三個條件，是每個人都要有誘因來抵制違規者。在吉普賽社會中，違規者很可能就是家庭成員或密友，所以有些人會不願意抵制該被抵制的人。

最後的條件，是留在社群中能獲得的價值，要高於在社群外的。和非吉普賽人相比，吉普賽的人口很少，因此在經濟上，社群內能提供的機會遠比外界來得少。因此，就算吉普賽人真的做到有

效抵制，放逐在經濟上也不算什麼嚴重的懲
罰。

〔頭型怪異的男士大聲説。〕

「所以説，基本上吉普賽人不能把老鼠屎
踢出去的原因，就是他們的社群有很多奇怪的特
性囉？」

正是如此。放逐如果要產生效果，他們
還得克服社群的特性，想辦法來滿足上面的條
件。

「喔，好吧，我想和你調情的小姐應該是
對的。」

她是對的，然後謝謝你又一次……

〔一位團員打岔。〕

「但像汙穢的肥皂和裙子這類的迷信，到
底要怎麼讓放逐在吉普賽社會發生效果？聽起來
還是像在胡扯。」

　　套用一位學者的言論，「反社會的概念和不潔淨其實只有一步之差」。或是以吉普賽人的情況來說，不潔淨和反社會只有一線之隔 24。吉普賽人把反社會行為的規範和**羅姆尼亞**中定義的不潔綁在一起，就能運用規範了無形世界的迷信，來管理有形的世界。迷信填補了吉普賽社群中單純抵制的不足之處，滿足了放逐要發生效果的各種條件。

　　吉普賽人運用汙穢的概念來規範反社會的行為。汙穢會帶來汙染，所以應該禁止，就像不能在洗叉子的水槽洗手一樣。因此，吉普賽人把對於其他吉普賽人的偷竊、詐欺或暴力行為都定義為汙穢，會帶來汙染，因此該被禁止 25。

　　這個做法極端聰明，因為除了為吉普賽社群定下「法律」之外，也創造了幾乎是自動運作的執行機制。當吉普賽人違反規矩時，懲罰就會「自動」發生，他們會受到汙染。如此一來，吉普賽人這不成文的法規本身就能防止人們違反 26。

　　然而，預防的機制還不完滿。假如很完美，就不會有吉普賽人破壞規矩，也就不需要放逐了。假設有一位吉普賽人違反了與生意夥伴的合約，卻認定自己的理由站得住腳，是正當行為，那麼懲罰就不會自動發生，因為違規者不相信自己真的觸犯了**羅姆尼亞**。在他心中，自己還是純潔的。

　　為了避免這種情況，還是得有另一種更嚴重的懲罰形式，也就是我們接下來要談的吉普賽法庭：「kris Romani」。

　　假如一位吉普賽人控告另一位違反**羅姆尼亞**，被告的人就要在吉普賽法庭接受審判。通常，兩造會先試著透過非正式的仲裁過程

來解決紛爭，稱為「*divano*」，由一到數位的「*bare*」來主持。若雙方對結果不滿意，則會提升到法庭階段。

　　吉普賽的法庭由稱為「*krisnitorya*」的裁決委員會管理，成員則選自我之前提到的精神領袖「*pure*」。法庭上，原告被告雙方會提出證詞和相關證據，所有的吉普賽成年男性都會受邀參與開庭，提出自己的證詞和意見，試圖影響法庭的判決 27。每個人都發表完畢後，法庭就會準備好做出判決 28。

　　對非吉普賽人來說，犯罪和法律都是世俗的，因此，我們認為「犯罪」和「原罪」* 18 不同。但對吉普賽人而言，原罪和犯罪都該交由吉普賽法庭處理，兩者並無差別 29。因此，無論被告的罪刑種類為何，吉普賽法庭都會用相同的標準來審查證據，做出判決。換句話說，被控犯下靈性罪行，和非吉普賽人有親密接觸的人，或是犯下世俗罪狀，違反生意協議的人，都會受到同樣的審判 30。

　　如果吉普賽法庭判定某人違反**羅姆尼亞**，可能會要求他支付罰金。如果被告拒絕，或是有其他考量，法庭也可能宣告他受到汙染，而刑罰遠遠不只是公開宣布他的汙穢狀態，更

18.
這裡的犯罪 (crime) 指的是違反法律的行為，而原罪 (sin) 則有基督宗教意涵，指人類與生俱來的原罪。

會將他從社群中驅逐，有可能只是暫時的，但假如罪狀太嚴重，也可能永久驅逐。無論違規者是否相信自己受到汙染，其他人都相信了，而且會因此對他感到噁心和羞恥，他將面對的是整個社群的抵制。

要記得，唯有每個人都確實執行（就算違反意願），抵制才會有效。除了眾人的參與以外，也必須讓每個人都知道受罰者的身分。為了解決這個問題，吉普賽人又一次利用了他們的迷信。

他們相信汙染會傳染，因此每個知道犯罪者身分的人都會有避開他的誘因，生怕自己也會被汙染。有位吉普賽人就這麼說：

> 「世界上沒有人，即便是妻子、母親或兒女，會和被法庭宣判汙穢的人說話。沒有人會再和他同桌吃飯。如果他觸碰了某件東西，無論價值多高，神聖的法律都規定要把那東西摧毀或燒掉。對任何人來說，汙穢者都比痲瘋病患者更糟糕，而且沒有人有勇氣殺掉他，結束他的苦難，因為光是接近他就可能會遭到汙染。當他死亡時，沒有人會送他到最後的安息之地 31。」

相同的迷信也會成為誘因，讓每個人都想找出違法的人。沒有第一手資訊的人，例如其他社群的成員，通常願意負擔相當的成本，探聽出現的新面孔是否遭到其他社群驅逐。畢竟，如果沒有這麼做，自己就有受到汙染的危險。因此，違規而被吉普賽社群驅逐的人，不可能在其他吉普賽社群中找到避風港。

他也不可能在非吉普賽的世界找到安身立命之處，理由同樣是吉普賽的迷信。除了有更多經濟上的機會，外面的世界幾乎不會有人知道或在意他受到的汙染。不幸的是，外面的世界充斥著性靈上的毒素。想必大家都記得，根據吉普賽人的信仰，非吉普賽人隨時都處在永久的汙穢狀態。而大部分的羅姆人從嬰幼兒時期就習得對非吉普賽世界的厭惡，即使被自己的社群驅逐，這樣的負面情感還是會深深地影響他們 32。因此，他們無路可走，面臨著慘絕人寰的處境，有些人會覺得生不如死，於是選擇自殺 33。

為了避免如此悲慘的命運，大部分的吉普賽人都遵守他們的規矩。童年時期幾乎都和吉普賽人一起生活的作家珍・約爾斯（Jan Yoors）寫道：「羅姆人互相偷竊的事幾乎前所未聞 34。」吉普賽專家厄文・布朗（Irving Brown）也觀察到吉普賽人間的密切合作，「羅姆人彼此互動時所遵守的道德規範，或許比整個國家的平均還要高 35。」雖然偶爾還是有暴力事件，但社群中的詐騙或搶奪幾乎不會發生 36。另一位作家則提到，「每個社群的運作都像發條裝置那樣精密 37。」

吉普賽司法系統的強制力來自魔法的迷信 38，但或許這正是它能有效運作的原因。

〔*經濟學家舉起手。*〕

史巴克，你有問題嗎？我還沒提到任何公式，真意外你竟然有在聽。

「雖然有違我的本性，但你故事編得挺精彩。不過，像我這種真正的科學家，認為應該要設法驗證你的理論。」

那要怎麼做才能讓你覺得我的「故事」可信呢？

「我想知道，有沒有哪些吉普賽社群不會面對你說的弗拉斯人的問題，然後看看他們相不相信這些迷信。按照你的『理論』，他們應該不會相信，但我打賭你找不到……」

你是說像芬蘭的加列吉普賽人（*Finnish Kaale Gypsies*）嗎？

「啥？」

芬蘭的加列吉普賽人。他們在經濟和婚姻都沒有像弗拉斯羅姆人那樣的問題。所以如果來討論一下他們的情況，應該就能回答你

一部分的疑惑了吧？

「你是想告訴我，有一群吉普賽人沒有其他吉普賽人的經濟問題，而且他們不結婚？我不相信。你應該也知道，婚姻是舉世皆有的。」

事實上，婚姻不是你想的那樣。你可能覺得我說得不夠嚴謹，請再忍耐一下，讓我把話說完。

和弗拉斯羅姆人相反，加列吉普賽人的狀況比較特別，研究他們的學者馬帝‧葛隆弗斯（Martti Grönfors）稱為「非婚姻制度」（institution of non-marriage），描述道：「芬蘭的吉普賽人完全忽視婚姻制度 39。」他們禁止婚姻，沒有任何讓兩個人締結類似婚姻關係的合法方式 40。如此一來，也就不會有美國弗拉斯人主要的婚姻衝突來源：離婚 41。

除此之外，弗拉斯人常和其他家族或宗族的人形成經濟聯盟，但加列人卻大都和自己的親族合夥，鮮少有不同家族間的聯盟 42。由此觀之，加列人的組織實在不怎麼社會化。和弗拉斯人相比，加列人可能面臨的社會問題就比較少，那麼根據史巴克的預測，他們應該不會

發展出弗拉斯人重要的迷信。

他們的確沒有。像其他吉普賽人一樣，加列人有汙穢的概念，也有汙穢和潔淨相關的儀式禁忌。但在他們的信仰中，汙穢不會肢體傳染，因為他們不像弗拉斯人那樣，得靠迷信的支持來抵制違法者。同樣的，由於不需要迷信的威脅，他們也不認為外面的世界充滿汙染。芬蘭的吉普賽人不相信非吉普賽人有足夠的力量汙染他們或社群的財產，因此無須懼怕外界的汙染 43。

男性加列吉普賽人可以和外人發生性關係，並且公開在其他加列男子女子面前承認，不會受到任何社會的壓力。這和弗拉斯人完全相反，後者除了賺錢或經濟需求，禁止和外人發生任何接觸或關係 44。

加列人也沒有弗拉斯人那樣的吉普賽法庭。他們的互動大多集中在親族之中，所以大部分的衝突都能在自家解決，不需要正式而全面的司法系統來強制懲處反社會的行為。

當然，這不代表加列吉普賽人的社群中就不會有潛在的衝突。即便不同親族間的互動有限，還是可能發生爭執，於是加列人需要解決的方法。他們不依賴吉普賽法庭，而是用喋血的決鬥 45。

〔一位女士打岔。〕

「喋血的決鬥？」

想想影集《血仇》＊19 的情節吧 46！基本的概念很簡單：如果

你知道殺了我以後，我們兩方的整個家族會維持好幾個世代的戰爭關係，那麼你就會三思而行。如果殺人的懲罰是家族間長久的爭鬥，這可比行為人自己面對報復要嚴重得多。因此，喋血的爭鬥確實可以預防會引起爭端的行為，例如殺人，也能提升社會的和諧運作。不過，如果有人愚蠢到引發爭鬥，就會帶來大量殺戮，反而造成社會衝突。

如果衝突已經引發爭鬥，對社會造成的代價就會比吉普賽法庭要沉重許多。暴力消耗的資源遠勝於法庭上和平的化解衝突。但在衝突發生之前，喋血爭鬥的成本就比法庭低：喋血爭鬥的威脅本身就能預防社會上的衝突。和仰賴法庭的吉普賽人不同，依靠喋血衝突的吉普賽人不需要選出精神領袖，建立審判機制，或是發展維持一套信仰體系來規範危險的行為。

我們可以說，對於加列吉普賽人這樣衝突機會較少的社群，喋血爭鬥是維持社會秩序的合理手段；而對於弗拉斯吉普賽人等較容易出現爭端的社群，法庭等相關機制則較能強化社會的秩序。

〔經濟學家似乎迫不及待想發表意見。〕

19.
Hatfields and McCoys，
一部只有三集的迷你影
集，改編自美國的真實
事件，講述美國內戰時
期的戰友因為種種誤會
而互相報復，甚至差點
引發第二次內戰的故
事。

史巴克？

「這些都非常有趣，但我懷疑你説的經不起別種考驗。」

你有什麼提議？

「如果弗拉斯吉普賽人真的像你説的一樣，用迷信來預防反社會行為，那麼他們社群裡那些幾乎絕對不會犯錯的人，像是老人或小孩，就不應該受到這種荒謬規則的限制。用這種規則限制老人和小孩只是徒勞耗費成本，而沒有利益可言。」

為什麼你覺得年長或年幼的吉普賽人就不會欺騙其他吉普賽人？

「因為他們不算在經濟體系中。小孩子不像大人一樣，有許多機會占別人便宜，而體能上來説，他們也沒有能力造成太嚴重的暴力傷害，心智上更不夠成熟精密。2004 年時，在美國因為暴力犯罪被逮捕的人裡，只有 1.3％ 年齡低於十三歲，而犯下財物侵占等罪行的，也只有 2.7％ 這麼年輕。幾乎沒有任何小孩會犯罪，同樣的道理也可以套用在年長者身上 47，美國 2004 年因為暴力犯罪被逮捕的人裡，只有 2.7％ 年齡高於五十五歲，而犯下財物侵占等罪行的，也只有 2.1％ 這麼老。48」

你可以直接背出這麼多數據？

「我的論文主題就是美國的犯罪。」

我明白了。所以，關於**羅姆尼亞**與吉普賽兒童和長者的關係，我還能告訴你什麼呢？

在**羅姆尼亞**的規定中，汙染的力量和違規而受到汙染的可能性，都會隨著生命週期演變。他們相信小孩子新生兒無辜，是清白無罪的，不會受到汙染，也還不能理解自己的行為會造成的後果[49]。因此，他們直到青春期以前，都享有特權，不受汙穢禁忌的限制[50]。而邁入老年後，吉普賽人也能得到部分的豁免權，因為他們認為長者本質上道德崇高而潔淨，應該受到尊敬[51]。

汙染的傳染力也同樣隨著生命週期而消長。小孩不會受到汙染，因此，就算他們做了對大人來說汙穢的事，也不會造成汙染。同樣的，和大人相比，小孩也較不容易受到外在世界的汙染，可以吃外人準備的食物，並且較為自由地與外人互動[52]。長者的傳染力也較低，舉例來說，更年期後的吉普賽女性就算對男性掀起裙子，也無法汙染對方。

就和你預測的一模一樣，史巴克，還有別的驗證方法嗎？

「嗯……我想暫時就這些了。」

〔安妮雅舉起手。〕

安妮雅？

「我還有個驗證方法。如果吉普賽人用迷信來支撐羅姆尼亞，進而維持社會秩序，那麼假如迷信削弱了，像吉普賽法庭這種靠著迷信來支撐的習俗就會跟著削弱，對吧？你在神判法的時候好像說過類似的話。」

我的確說過，你說得沒錯。在過去，**羅姆尼亞**的存在本身就能確保人們抱持強烈的迷信。要在生活中避免一些違反**羅姆尼亞**的常見情況真的很麻煩，例如不能被不對的衣襬擦到，也不能用廚房的水槽來清洗身體部位。因此，只有真的相信汙穢觀念的人才會留下來，並且認真遵守。而**羅姆尼亞**就用這個方式過濾掉信仰薄弱的人，保留信仰堅定的。

然而，在幾十年前，這樣的篩選法開始失效。根據吉普賽學家出身的吉普賽學家羅納德．李（*Ronald Lee*）的說法，吉普賽**羅姆尼亞**的基石，也就是汙穢的觀念，大約從 1970 年代就開始大幅衰弱。性靈汙染的概念依然存在，但美國年輕一代的羅姆人已經不太

能判定什麼樣的行為是汙穢的 53。事實上，越來越多年輕的羅姆人拒絕認真看待傳統習俗 54。他們這麼做的同時，吉普賽的社群就逐漸受到信仰薄弱者的汙染。

而隨之而來的，是**羅姆尼亞**解決吉普賽社會問題的功效越來越弱，對於被汙染的恐懼不再能有效阻止人們違反法律，也不足以促成有效的社會放逐。非吉普賽的世界不再不祥，於是放逐的威脅也不如昔日有效。

這和安妮雅提出的假設完全相符。在1986 年，來自美國二十六個州的兩百名吉普賽人聚在一起。長老們擔心吉普賽法庭的效力和結構已經被削弱，認為必須想方設法加以重振 55。同時，過去數十年來，有些吉普賽人試圖脫離**羅姆尼亞**的規範，盡可能地轉向政府來支持他們的事業。舉例來說，從 1980 年代晚期開始，南加州的吉普賽人就試著整合吉普賽法庭和加州的地方法院體系整合，來提升前者的效力 56。

隨著對政府的依賴增加，**羅姆尼亞**的威信逐漸降低，吉普賽人也越來越難利用**羅姆尼亞**來維繫和諧與秩序。吉普賽人越是依賴政府，就越不需要**羅姆尼亞**的強烈迷信根基。迷信越

減弱，他們就越需要政府，而形成了惡性循環。或許正因為如此，吉普賽人的法庭不再能像過去那樣有效解決弗拉姆社群的問題 57。

　　除了荷爾蒙旺盛的青少年以外，若有人的生活都圍繞著對下半身不設防的接觸，乍聽之下根本是瘋了，而以這個想法為中心建構司法系統……更是絕無僅有。然而，用關於私人部位的信仰來建立公共秩序不僅相當合理，而且對某些社會來說，更是靈丹妙藥。

　　若想維繫社會和諧，就必須規範反社會的行為，並且有強制執行的方式。但不是每個社群都能仰賴政府來制定並執行法規，於是，他們必須想其他的方法，例如利用**羅姆尼亞**中根深蒂固的迷信。

　　迷信給了社會規範足夠的根基，並且衍生出執行的機制，再加上吉普賽法庭等機構，就能夠提供人們足夠的誘因做出符合規範的好表現。我們真的能從吉普賽人身上學到不少，不只是衛生，更是如何運用看似毫無道理的社會習俗，來建立一套非主流的社會秩序。

　　關於迷信，還有很多可以說的，但我們該繼續往前了。請跟著我前往下一站吧！然後請幫個忙，在出口旁那個洗手專用的水槽洗個手，你們有些人看起來已經做了汙染自己的事。

TOUR STOP

5

GOD
DAMN

上帝的詛咒 ── 天殺的

我們的旅程也到一半了,如果想休息一下,或是獨處一陣子,請自便。如果你是那種可以一次看超過一集《嬌妻系列》＊[20] 的人,請往這裡走,我準備了一些中場休息的小活動。

意識到自己不太可能成為棒球明星後,我決定換個「揮棒」的方向,開始打高爾夫。我的體能大概和八十幾歲的老人差不多,如果他們都能打高爾夫球,那麼這種運動應該比較符合我的步調。除此之外,固定在地上的球應該沒辦法弄傷我,所以比較沒那麼可怕。

我老爸帶我到高爾夫球場,還在打前九洞時, 因為標準桿五桿的距離較長,在第二次揮桿時,我用球道木桿扎實打中球心,卻看著小白球飛出去……狠狠打在老爸的腰際上。

我看過老爸發火很多次,對他的壞脾氣一點也不陌生,很習慣他發洩在我的頭上。我也聽老爸咒罵過,事實上,他還很常爆粗口。當我的 *Titleist* 二號球從球桿前飛出時,我目睹了前所未有的怒火,聽見史無前例的粗話。

他先從喉嚨深處擠出一句:「天殺的,兒子!」接下來是連續

三十秒失控而粗鄙地咒罵。隨著痛楚漸漸退去，老爸終於開始冷靜，但他的腰上至今仍有一塊高爾夫球大小的瘀痕。雖然他大概不可能承認，但我很確定這件事抹殺了一小部分對我的愛。

幾年過去了，我仍然清楚記得這個影響深遠的事件。人們一天到晚都會用「天殺的」咒罵其他人或事物，但老爸讓我深刻了解這咒罵到底代表什麼：人們希望上帝懲罰詛咒惹怒他們的對象。當然，這種咒罵象徵的意味居多，但讓我震驚的是，在老爸的例子裡，我確定他是字面上的意思，希望神聖的上帝能詛咒他爛透了的兒子。

事實上，希望上帝能按照字面上的意思，懲罰麻煩人物，這已經有很長一段歷史了。而曾經提出這項要求的人物比我老爸還讓人意外：他們都是僧侶。如果你跟我上樓到館藏室，就會看見真正的十世紀僧侶的詛咒書：

*
20.
The Real Housewives，
反映美國真實主婦生活
的真人節目。

〔有人脫口而出。〕

「僧侶的什麼？」

詛咒書。這其實有點像祝禱，你知道的，神聖的祝福，只是剛好相反而已。大家都知道現今的僧侶會把右臉也給別人打，尊崇聖人，用兄弟般的愛祝福人們。但好幾個世紀以來，他們卻跟大眾一樣會譴責自己的仇敵，污辱聖人，並用災難詛咒對得罪他們的人。

專精於詛咒的僧侶社群出現在十到十二世紀的法蘭西，大約就是現在的法國[1]，他們使用的咒術有許多類型，歷史學家萊斯特・利托（Lester Little）彙整翻譯了其中一些，我們可以從中看出這些詛咒有多麼地可怕，簡直令人戰慄[2]。

禮拜儀式的祝禱指的是在彌撒等敬拜
中，僧侶施加於信徒的神聖祝福，而祝福禮典
（*Benedictional*）則是記錄祝禱規則的書籍。

中世紀的神職人員沒有「詛咒禮典」，但
他們確實有禮拜儀式的詛咒，也就是遵循規定
模式的詛咒，在敬拜儀式中施加於他們想要詛
咒的人身上。下面這一篇是十世紀晚期，費尚
修道院（*Abbey of Féfchamp*）的僧侶對敵人
施加的詛咒：

> 我們詛咒他們，並將他們驅離聖
> 母的教堂和所有虔誠的教徒……願他
> 們的頭和腦都受到詛咒，願他們的眼
> 和額頭都受到詛咒，願他們的鼻和耳
> 都受到詛咒，願他們在田野和青草地
> 上都受到詛咒……願他們無論睡時或
> 醒時都受到詛咒，無論出門或返家，
> 進食或飲水，說話或靜默。願他們無
> 論何時何地都受到詛咒 3。

僧侶使用的第二種詛咒稱為「叫囂」
（*clamor*）4。叫囂指的是提出強烈的訴求，
這也是僧侶們使用叫囂詛咒的方式。僧侶會公

開地向上帝和其他神像（可能是使徒或證道者，但大部分是聖人）叫囂，有時還公開侮辱他們，然後把聖人的遺骨（聖骨）或肉體的延伸物（十字架和經文）從平常存放的地方移出，丟在地上，再蓋上樹枝或荊棘。僧侶也可能會跪倒在地上，藉以羞辱身為上帝僕人的自己。

　　他們的想法是，羞辱神聖的事物（或他們自己）會激怒這些理應備受崇敬的祈求對象。受到激怒後，這些超自然的守護者就會將怒火轉向驅使僧侶做出無禮行為的敵人。下面這一篇是法爾法修道院（*Abbey of Farfa*）關於叫囂的指示，大約抄錄於 1020 年：

> 對於神的叫囂詛咒應當如此進行：主要彌撒的主禱文結束後，教會的司祭要用粗糙的布料覆蓋住祭壇前的通道，放上十字架和福音書，以及聖體。每位僧侶都跪倒在地，默唱詩歌七十三篇。同時，教堂的管理員要敲響兩座鐘。神父獨自站在新奉獻的聖體和聖水前，面對前述的聖體，大聲開始叫囂詛咒 5。

　　如果僧侶們能將叫囂羞辱和適當的詛咒結合，下一步就是類似的詛咒詞：「願他們的一切都陷入永恆的烈火，與大坍和亞彼蘭、猶大和彼拉多、西滿和尼祿同在。6」毫無疑問，這是個激烈的儀式，足以激起旁觀者內心的恐懼。

　　僧侶使用的第三種詛咒，或許對於常去教堂的人會比較熟悉：絕罰＊21（*excommunicate*）和咒詛（*anathema*）7。雖然這些懲戒

的手段主要是教宗和主教的特權，但教會高層有時也會「授權」基層人員進行絕罰或咒詛。

絕罰有程度上的不同，有的只是禁止受罰者參加聖事，有的則將對方完全逐出教會。咒詛則是更激烈的絕罰形式，保留給不服從的絕罰者，通常會包含吹熄或踩滅蠟燭的儀式，象徵咒詛對靈魂的影響。

雖然下詛咒並不是絕罰的正當用法，但僧侶們通常不反對用來對付情節重大的觸犯者。下面這一篇是 1014 年，教宗本篤八世對騷擾聖吉爾修道院僧侶的人所下的絕罰：

> 願他們在世界四方都受到詛咒。願他們在東方受到詛咒，在西方遭到棄絕，在北方受到封殺，在南方遭受絕罰。願他們白天受到詛咒，晚上承受絕罰。願他們在家中受到詛咒，在外面受到絕罰，起身時受到詛咒，坐下時受到絕罰，飲食睡眠時受到詛咒，醒來時受到絕罰，工作時受到詛咒，休息時則受到絕罰。願他們春天時受到詛咒，夏天受到絕罰，秋天受到詛咒，而冬天受到絕罰 8。

*
21.
根據神學詞典，絕罰是教會的一種懲戒罰，把人排斥於信友的共融之外。

〔神父絕望地大喊。〕

「這不可能是真的！」

喔不，真有可能，神父，而且這的確是真的。你中世紀的前輩神父們用可怕的疾病、瘟疫、飢餓和乾渴詛咒別人。他們會詛咒那些人的妻子、小孩、家畜、屋舍和靈魂，詛咒他們墜入永恆的地獄中。

「不！我們祝福別人！我們祝福他們的身體、靈魂、姊妹和弟兄。我們用上帝一切的恩典祝福他們。」

但也別忘了詛咒。

〔神父勃然大怒。〕

「上帝詛咒你！」

你看看，你又來了，詛咒，詛咒，再詛咒。

〔另一位團員插嘴。〕

「為什麼呢？僧侶為什麼要詛咒這些人？」

要了解背後的原因，你得先知道什麼樣的人會被詛咒：答案是侵犯了他們財產權的人。這些人有的是騎士或位高權重的貴族，貪圖鄰近僧侶社群的土地和財富；有些人則覬覦僧侶的土地契約，想破壞世俗之人將土地贈予修道院的協議。

為了防止權利被侵害，僧侶們便會用神聖的詛咒來威脅潛在的敵人，也就是為什麼會出現前面提到的各種詛咒。若有人膽敢偷盜教會的財產，就會受到神聖的懲罰。

〔神父又大喊。〕

「這一點道理也沒有！僧侶絕不會詛咒小偷！他們根本不需要這麼做，只要請政府保護他們的財產就好了啊。」

你說得對：如果有可能的話，僧侶也會想尋求政府的保護，但他們沒辦法。十到十二世紀的法蘭西根本沒有公眾的司法系統。

一直到九世紀中葉，統治法蘭西的卡洛琳王朝有一套皇室的司法系統，由國王指派勛爵來保護僧侶的財產（如果成效不彰，國王本人

也會親自介入）。然而，從最後的卡洛琳國王虔誠者路易（*Louis the Pious*）開始，這樣的體系就漸漸衰退。

維京人九世紀的入侵更打破了原本的統治形態，使情勢更加險峻，卡洛琳時代的皇室司法體系終究撐不過十世紀。首先，貴族的權威變成世襲，不再依靠王室指派，使得勛爵不再受到中央政府的掌控。不久之後，貴族們也失去權威，地方強人強化他們的城堡，取代貴族成為統治的基本單位。最後的結果就是出現許多由強人領導的小型封建領土，只聽命於比自己更強大的勢力 9。

這樣的制度曾經被稱為「封建無政府狀態」，雖然現在許多中世紀史學者並不認同此說法，但確實反映出十到十二世紀法蘭西地區公共體系的衰微，已經無法保護私人的財產權益。

假如僧侶社群能使用武力或軍事手段來自保，或許情勢就不致於如此危急，但典型的修道院並沒有直接動用武力的軍事能力 10。放棄世俗的生命，穿上修士服的同時，僧侶們也要放棄武器、馬匹等裝備。於是，他們的財產和土地就像待宰的鴨子，等著握有兵武的軍事強人來巧取豪奪。

既不能仰賴政府，也無法動用武力保護自己的財產，僧侶們只能尋求神靈的幫助，而詛咒就是修道院典型防禦機制的一部分 11。背後的邏輯很簡單：如果財產的覬覦者相信上帝和祂忠誠的僧侶擁有神聖的詛咒力量，那麼對於超自然懲罰的恐懼就會成為強力的誘因，讓他們遠離僧侶和修會的財產。畢竟，說到底上帝才是萬人之上的強人。

舉例來說，前面寫到的費尚修道院的神聖詛咒，就宣稱目的

是讓修道院的掠奪者「洗心革面，並歸還
奪走的不義之財」12。十世紀晚期，利摩日
（*Limoges*）的聖馬爾蒂亞修道院（*Abbey of
Saint Martial*）就有僧侶用這麼一句話開頭：
「弟兄們，我們在此宣告，有邪惡之人在我主
聖馬爾蒂亞的土地上肆虐。」（聖馬蒂亞是修
道院的主保聖人）13。也有些叫囂詛咒的僧侶
這麼說：

主耶穌，我們向著你，跪拜在你
面前叫囂，因著有狂妄的異端者坐擁
跟隨者而壯大，侵略、肆虐、破壞你
聖殿的土地和其他教堂……也摧毀我
們的所有物，讓我們難以維生，也難
以為贈予我們的人祝禱，祈求他們靈
魂的救贖。侵略者暴力奪走一切 14。

為了保護財產，僧侶也會在世俗的地契中
加入「詛咒條款」。通常，僧侶社群的土地都
來自世俗的捐贈者；不幸的是，捐贈者的領主、
繼承人或領主的繼承人，也可能會想要那片土
地，於是會試圖挑戰、爭奪土地的所有權。為
了避免這樣的狀況，贈予者的領主和後嗣都可

能被要求表明自己明確同意這項贈予。在導覽的最後一站，我會再說明這項要求的影響……至於現在，我們只要記得他們的同意都會收錄在贈予紀錄中，並且由收受的僧侶保存就好。

　　為了強化贈予的效力，十到十二世紀的法蘭西僧侶時常會加入詛咒相關的內文，詛咒任何可能在未來試圖搶奪的人。下面的例子就選自十二世紀的贈予紀錄：

> 　　假如任何人試圖破壞這份合約，願上帝將他們的姓名從生命之書抹去，將他們的肉身丟給空中的飛禽和地上的走獸。願上帝令他們慘死，迅速被世界驅逐。願他們受到三位聖祖，亞伯拉罕、以薩和雅各的詛咒，以及四位福音傳道者，馬可、馬太、路加和約翰的詛咒。還有十二位使徒、十六位先知、二十四位長老，和尼西亞信經的三百一十八位神父。願他們受到十四萬四千位殉道者的詛咒。願握有上帝和眾聖人權柄的熾天使與智天使詛咒他們。阿門，阿門。誠心所願，誠心所願 15。

　　聖徒的軍隊毫無疑問聲勢浩大，除此之外，合約也呼求超過十四萬四千三百八十位聖人的詛咒，要降臨在任何違約者的頭上。

　　〔經濟學家很高興終於有機會用到數學，驗算了一下我的數字，脫口而出。〕

「三加三十二⋯⋯進位七⋯⋯十四萬
四千三百八十！真是超大量的詛咒啊！」

聽起來你挺訓練有素啊。

我剛才說到，你或許會好奇，為什麼僧侶
們詛咒的對象要相信這些，並認為僧侶真的能
招喚超自然的力量。事實上，這些詛咒、叫囂
等等，都出自一本相當重要的書：聖經 16。

〔有位團員大叫。〕

「聖經裡有詛咒？」

是的，就像中世紀僧侶的神聖儀式，聖經
裡也混雜了弟兄之愛和上帝令人戰慄的怒火，
挺奇妙的吧？下面這個例子摘錄自《申命記》
第二十八章：

> 你若不聽從耶和華 ── 你神的
> 話，不謹守遵行祂的一切誡命律例，
> 就是我今日所吩咐你的，這以下的咒
> 詛都必追隨你，臨到你身上：你在城
> 裡必受咒詛，在田間也必受咒詛⋯⋯

你出也受咒詛，入也受咒詛……耶和華必使瘟疫貼在你身上，直到他將你從所進去得為業的地上滅絕。耶和華要用癆病、熱病、火症、瘧疾、刀劍、乾旱、霉爛攻擊你。這都要追趕你，直到你滅亡。你頭上的天要變為銅，腳下的地要變為鐵……

你聘定了妻，別人必與他同房；你建造房屋，不得住在其內；你栽種葡萄園，也不得用其中的果子。你的牛在你眼前宰了，你必不得吃他的肉……耶和華必攻擊你，使你膝上腿上，從腳掌到頭頂，長毒瘡無法醫治……這一切咒詛必追隨你，趕上你，直到你滅亡 17。

這些詛咒聽起來似曾相識吧？和前面提到的詛咒、叫囂、絕罰如出一轍。讓我們比較一下《申命記》第二十八章鉅細靡遺的詛咒內容，和下面這篇十世紀晚期聖馬爾蒂亞修道院的禮拜儀式詛咒吧：

願所有聖者的詛咒降臨到他們……願他們在城裡受咒詛，在田間也受咒詛。願他們在家中受咒詛，在家外也受咒詛。願他們站也受咒詛，坐也受咒詛。願他們躺下與行走都受咒詛，清醒和睡眠都受咒詛，吃食飲水也都受咒詛。願他們在城堡和村莊都受咒詛，在森林和水裡都受咒詛。願他們的妻子兒女，以及任何與他們相連的人都受咒詛。願他們的酒窖受咒詛，酒桶和盛裝飲食的容器也都受咒詛。願他們的果園、作物和樹林都受咒詛……願他們的牛隻、家畜，無論

在畜欄內外，都受到咒詛。願上帝將
飢餓與乾渴降臨在他們身上，還有害
蟲與死亡，直到他們從地上被抹滅。
願上帝用炙熱與酷寒摧殘他們，讓他
們頭上的天要變為銅，腳下的地要變
為鐵。

　　願上帝將他們的肉身當成餌食，
丟給空中的飛禽和地上的走獸。願上
帝自頭頂上到腳底下摧殘他們。願他
們的屋舍荒廢，再無人居。願他們失
去一切，再也無所得。願寶劍摧殘他
們的身軀，恐懼撕裂心靈。即便他們
播種耕作，也終將歉收，種葡萄園，
也不得用其中的果子。願上帝降下可
怕的瘟疫，以及最惡毒難治的疾病。
除非他們願意改變，但假如無意悔
改，就讓他們領受上帝和聖馬爾蒂
雅，以及惡魔和地獄天使的詛咒，在
大坍和亞比蘭的永恆烈焰中燃燒。阿
門，阿門。願他們的記憶永生永世被
消滅 18。

中世紀的僧侶可不是毫無根據來由地創造

出這些詛咒，而是深刻利用了詛咒對象固有的信仰 19。真是些狡猾的傢伙。

〔安妮雅舉起手。〕

安妮雅？

「好吧，但如果僧侶下了詛咒，卻沒有成真，人們不會失去信仰嗎？」

問得很好。不錯，如果發現詛咒無效，受詛咒的對象就會失去信仰。但前提是，除非詛咒的內容能夠讓他們看出到底有沒有成真，而僧侶們不會這樣詛咒。他們會用無法驗證的詛咒，意味著無論發生什麼事，都不會和詛咒內容牴觸；換句話說，不會有證據能說明詛咒是真是假，也就不會被否定或拆穿。

假設我們這位好神父用下面這些話詛咒你：「但願豺狼在明天中午將你們生吞活剝！」而到了明天中午，你們真的被豺狼生吞了，只有你活下來，其他人都死了，就會提升這位神父詛咒的可信度。但如果明天中午過後，你們都還沒成為豺狼的午餐，別人聽到這個結果，就會開始質疑神父詛咒的真實性。

不幸的是，這位神父的詛咒的確是唬人的，他根本沒辦法製造出足以讓人感到威脅的效果。如果他用吃人的豺狼詛咒你，豺狼真的出現的機率微乎其微。這會是個問題，即便你們一開始對神父詛

咒的信仰很堅定，仍不需要太多反例，就能夠造成動搖。豺狼在中午吃人的這個詛咒最大的漏洞，就是太容易被拆穿，因為它包含了具體的傷害方式和時間，而這樣的世俗性會讓人太輕易證明一切都是騙人的。

相反的，不易拆穿的詛咒就沒有這個問題。這麼想吧，神父先生不用吃人的豺狼威脅你，而是改成：「願你悲慘到死。」今後你的一生中總會有悲慘的時刻，也會有死去的一天，詛咒的模糊空間代表著假如事情真的發生，你沒有辦法證明是神父的詛咒生效，或是命中注定如此。

另一個類似的方法則是讓詛咒涵蓋的範圍夠全面，例如：「願你醒時睡時都承受痛苦！」承受痛苦本身就很模糊，人的一生中難免會遇到，再加上詛咒包含了所有可能的時間（睡著和清醒），更讓人無法拆穿。

除此之外，也可以用無法觀察到的折磨來詛咒，例如彼世或來生的痛苦：「但願兇殘的妖精在地下用生鏽的鋸子把你的四肢砍下來！」無論形容得再具體，活著的人都不可能得知詛咒是否實現，所以無法拆穿。

中世紀的僧侶會用這三種方法來建構他們

天衣無縫的詛咒，例如西元 910 年這篇來自孔克斯（*Conques*）的
合約中的詛咒條款：

> 如果有任何人意圖違反合約，願他受到絕罰和詛咒，永
> 遠與叛徒猶大和惡魔墮入地獄 20。

條約運用了兩種方法，讓詛咒毫無破綻：語意模糊和彼世的折
磨 21。

其他詛咒則運用了全面性的技巧，例如我前面提到的幾篇。費
尚修道院僧侶的詛咒幾乎涵蓋了所有的時間和地點，雖然看似具體
地描述了種種厄運（身體和心理的痛苦、父母和小孩的苦難、冬天
和夏天的不幸），但只是表象罷了。

這些詛咒成真了嗎？我們永遠不會知道，至少還活著的時候不
會。受到詛咒的人也不會知道，所以無法驗證真偽。

〔神父顯得憤怒而挫折，插嘴反駁。〕

「好吧，假如你說的是真的，那為什麼我和弟兄們現在不再用詛
咒來保護我們的財產了？我向你保證，我們不會詛咒別人，這代表你
在這一站導覽的內容都是受到惡魔的蠱惑……」

因為你們不需要神聖的詛咒來保護財產了，神父先生。

十三世紀時，法蘭西的皇家法庭在國王菲利浦二世的統治下，

從前兩個世紀的荒廢中浴火重生，而僧侶們就放棄了他們的詛咒。禮拜儀式的詛咒終結以後，修道院地契裡的詛咒條款也漸漸消失，似乎和它們的出現一樣充滿神蹟。

然而，無論詛咒出現或消失的理由，都和神蹟沒什麼關係。皇家法庭重建之後，僧侶不再需要靠「天殺的」神聖詛咒來自保，可以回歸老方法，尋求政府的保護，就像現今的神職人員一樣。

你或許已經注意到，除了乍看之下毫無道理以外，神判法、吉普賽法律和神聖詛咒還有一些共通點：三者都建立在當事人的迷信之上，會造成理想的社會結果（神判法帶來司法正義，吉普賽法律維護公共秩序，神聖詛咒則保護了修道院的財產），也都是透過將人們的迷信制度化，來誘發符合期望的行為。

吉普賽法律和神聖詛咒還有另一個共通點：在政府無能為力的情境中，誘發符合期望的行為。換句話說，兩者都是用制度化的迷信來取代政府的功能。

然而，就像吉普賽的例子，這替代方案的前提必須是人們對適當的迷信深信不疑，也就是為什麼我們的神父先生和朋友不再依靠「天

殺的」來保護他們的財產權。畢竟時至今日，在他們住的地方，已經沒什麼人相信那一套了。

〔一位團員打岔。〕

「那如果人們不再相信神聖的力量，而僧侶神父們又沒辦法靠政府來保護他們的財產，會發生什麼事？」

耐心點，再過幾站你就會知道了。但首先，我想給各位看個不一樣的「靠！什麼鬼？！」習俗，其中也包含了制度化的迷信和不可靠的政府。請往這裡走……

〔腳趾踢到門框。〕

天殺的！

6

CHICKEN, PLEASE:
HOLD THE POISON

毒死一隻雞？

當我哥馬克和我還在念小學，不過聞起來已經有點像青少年的時候……

〔向看起來像珍尼恩‧加羅法洛的女士眨眨眼。〕

我老媽很明智地要求我們開始用除臭噴霧。馬克和我拒絕，因為止汗劑用起來感覺很怪。除此之外，我們也不覺得用這種「男士香水」噴自己的腋下有什麼意義。

為了對付我們的叛逆，老媽想了個妙計，讓個人衛生變得「有趣」。她的想法是，既然老哥和我喜歡玩顏料噴漆，為何不把這種熱情轉移到止汗噴劑上，盡情在腋下「揮灑」？

這設計挺聰明的，至少一開始如此。馬克和我剛開始幾天的確乖乖遵照指示來使用噴劑，但很快的，新鮮感就消退了。我們只好絞盡腦汁，想找到噴劑更有趣的使用方式，而用來噴在冰球上似乎是個不錯的主意。

我們每天會花幾秒鐘，在冰球表面噴上止汗劑。其實，在我們

當初幼稚的心裡，到底期待幾個星期的勤奮噴漆能換來什麼，我也說不出來。但我們同時也知道，如果父母發現我們的小實驗後一定會大發脾氣。因此，我們把噴滿止汗劑的冰球藏在衣櫃的抽屜深處，老媽很少檢查那裡。

然而，接下來的事光是回想都會揪心起來，我們其中之一不小心把冰球留在外頭。老媽發現以後拿給老爸看，讓他感到痛心。我們兄弟倆不只是亂用止汗劑，更是浪費錢，這可是超級大忌。

爸媽來興師問罪時，馬克和我當然矢口否認。顯然我們的妹妹之一才是兇手，或許都有一起參與。雖然我們的說詞無懈可擊，但意外的是，爸媽直接認定就是我們倆幹的好事。更糟的是，他們猜到我們兩個是共犯，不過也想知道是誰起的頭。於是他們把我們關在房裡，宣布如果首腦不認罪，誰都不准離開房間。

接下來的幾個小時，馬克和我激烈地爭辯冰球到底是誰的蠢主意。我們扭打成一團，還不時威脅如果不承認，就要摧毀對方最喜歡的玩具。打到一半時，馬克搶走了我的神奇八號球。

可能大部分的人在賣新奇玩意兒的店裡看

過這東西，但沒看過也沒關係，神奇八號球也沒什麼，就是一顆黑色的塑膠球，和軟式棒球差不多大，看起來像撞球的八號球，裡頭則是泡在藍色液體裡的骰子，可以隔著球底的透明塑膠清楚看見骰子的其中一面。操作方式很簡單：問一個是非題，搖一搖，再把球翻過來看答案。

老哥和我都相信八號球占卜的魔力，以前就時常靠它來回答一些問題。但這天的理由不一樣，我們要靠它來解決這場衝突。

老哥搖了搖八號球，用八成是從《印第安那瓊斯：魔宮傳奇》裡學來的聲音說：「喔，神奇八號球，為什麼彼得要這樣騙人呢？我知道雖然我沒印象，但他還記得冰球的點子是他想的。告訴我們，八號球，是彼得想的嗎？烏拉烏拉，烏拉烏拉，烏拉……」

一邊念誦一邊搖著球，他突然笑了起來。我不耐煩地叫著：「快點啦！」他才停下動作，把球翻過來，然後我們一起念出球的答案：「是的，千真萬確。」

「你就認命吧！」馬克開心地說，把球拋到我的床上，我只能帶著恐懼不安呆坐著。「八號球可不會撒謊！」他一邊大叫，一邊衝下樓向爸媽報告我的罪狀。

雖然當時八號球讓我失望了，卻不是我或馬克最後一次提議用它來解決我們的紛爭。總的來說，八號球解決的兄弟之爭或許比我們的爸媽還多，而問題更是五花八門，從「《瓦爾哈拉傳說》＊22是不是參考了馬克的豐功偉業」，到常見的「彼得的骨架是不是比雪巴人＊23出色？」都有。

不幸的是，我的神奇八號球的結局很悲慘，而看在它總能可靠

解決兄弟衝突的分上，這樣的「死法」很不值得。某天，它被大意地摔在玩具賽車的軌道上，雖然沒有破掉，但骰子卻卡在「是的，千真萬確」和「等等再問」之間，所以沒有用了。雖然馬克和我當時都在玩球和賽車軌道，但我很確定是他的錯，當然他也怪在我頭上。

　　更不幸的是，八號球已經不能再幫我們化解紛爭，我們只能繼續朝對方丟蠟燭，而且丟了四十五分鐘。

　　你問我，為什麼要說這些？跟我來吧，各位先生女士，這是**本奇**（benge）：

*
22.
Legends of Valhalla，
美國的動畫電影，講述
雷神索爾的故事。

23.
居住在喜馬拉雅山脈兩
側的民族，時常受雇為
嚮導。

〔*團員們全都面露困惑，一位發言人挫敗地插嘴。*〕

「**你到底在說什麼？先是止汗劑、冰球、小時候的玩具，現在又給我們看一隻雞？**」

本奇是神諭。

〔*另一個人大喊。*〕

「**你已經說過神諭了！就是判決誰無辜誰有罪的東西。**」

不，我提過的是**神判法**，神諭是另一種請神回答困難問題的媒介，就像我的神奇八號球。不過，**本奇**不是用來解決兄弟間的鬥嘴，而是整個社會的成人都會尋求它的神諭，來做生命中幾乎所有的重大決定，特別是在處理人際衝突這一方面。

這個社會指的是阿贊德人（*Azande*）的社會，分布在非洲中北部。現今，至少有一百萬阿贊德人，而根據估計，以前的人口可能超過四百萬。著名的人類學家伊凡・普里查（*E. E. Evans-Pritchard*）曾經在 1920 年代和他們同住，第一手觀察他們的生活[1]。我今天所介紹的習俗和神諭，都是以他的研究為基礎。

不過，會利用這種神奇八號球式的工具來做重大抉擇的人，絕不只有他們而已[2]。還有許多人時常仰賴神諭的指示，例如蘇丹的恩多戈（*Ndogo*）部落、辛巴威的巴洛瓦爾（*Balovale*）部落、

中非共和國的納札卡拉（Nzakara）和阿帕
吉貝提（Apagibeti）部落、剛果民主共和國
的恩班迪（Ngbandi）部落、西非的約魯巴
（Yoruba）部落、加納和喀麥隆的一些社群
等等[3]。然而，阿贊德人對神諭可以說特別情
有獨鍾[4]。

　　阿贊德人的信仰核心是**曼谷**（mangu），
也就是巫術。在他們的思想中，巫術是一種生
理狀態，某些人的內臟裡有特別的物質，讓他
們能用巫術對付敵人。巫術會遺傳，父親傳給
兒子，母親傳給女兒。

　　大部分的人都是巫師，但卻一無所知。
他們身為巫師的部分只會在睡眠或無意識的情
況下運作，進行各種邪惡的勾當，摧毀阿贊德
人的農作物，干擾他們打獵，讓他們的房子倒
塌，使他們受傷或染病，幾乎所有非自然的死
亡都是巫師造成的。巫師詛咒的範圍很小，或
許可以傷害到彼此間心存芥蒂的鄰居，但無法
觸及社區以外，沒有和他互動過的人。如果沒
有互動過，當然不會產生衝突或惡意。

　　幾乎所有的阿贊德家庭中都有巫師，而且
多數並不自知，被控告使用巫術的人大都不是
什麼窮凶極惡的角色，甚至不曾受到懷疑[5]。

因此，阿贊德的巫師和近代歐洲早期的巫師（下一站就會介紹了）相比，地位完全不同。歐洲的巫師極度稀少，而且遭到獵捕處決。阿贊德人在這方面則是就事論事，單看案例中的巫師是否造成傷害。用巫術傷害別人的人並不會從此被對方當成巫師，只有在噩運和傷害延續的這段時間裡而已 6。

阿贊德人如果運勢不濟，例如作物歉收、打獵空手而歸、自己或家人生病，就會開始擔心自己是否受到巫師攻擊，於是會設法找出對方的身分，命令對方停止傷害。而無意識造成傷害的巫師通常會從命。目的達成後，阿贊德人對於巫師的利害關係就會消失，也會和傷害過他的巫師恢復正常關係。

若想找出特定情況中攻擊他的巫師，阿贊德人就會尋求我前面提到的**本奇**神諭，運作的方式如下：從特定的樹藤中萃取毒素，並餵給一隻公雞。而尋求者會發表一段五到十分鐘的說明，包含問題的每個細節，就和原告在法庭中陳述案情差不多。7

接著，他們會詢問某些鄰居是否施展巫術，造成他們當前的噩運。他們會像搖八號球那樣晃動公雞，確認牠把毒藥吞下去，再觀察牠的反應：公雞服毒後是否死亡，就是神諭回答問題的方式。

晃動公雞時，詢問者的問題大概像這樣：「假如某某人（鄰居的名字）有罪，用巫術傷害我的什麼（打獵、家人等），神諭的毒請**殺死這隻雞**。假如某某人是無辜的，神諭的毒請**放過這隻雞**。」或是剛好相反：「假如某某人無辜，沒有用巫術傷害我的什麼，神諭的毒請殺死這隻雞。假如某某人是有罪，神諭的毒請放過這隻雞。」

　　任何人只要遵守特定的禁忌，例如禁慾茹素一段時間，並且擁有需要的毒素和雞隻（也可以向別人借），就能在任何時間地點施行**本奇**。然而，他們不能隨機把任何人的名字加入問句中，只能選擇和他們有過摩擦衝突的人 8。在阿贊德人的信仰中，巫術都是因負面情感而起，巫師攻擊的誘因通常是仇恨、羨慕、嫉妒和貪婪等等。因此，深陷不幸的阿贊德人會先懷疑那些可能對他懷恨在心的對象 9。

　　阿贊德人在尋求神諭時，也會請來信任的人來協助，或至少幫忙做見證。這些人能證實神諭的儀式確實進行，一切符合規定。

　　在尋求神諭之前，阿贊德人會對懷疑的對象（通常是他們的鄰居）態度冷漠，保持距離，甚至懷抱敵意。然而，假如神諭證明嫌疑犯的清白，顯示對方並沒有使用巫術，那麼他就會接受這個結果，和對方恢復友好的關係。換句話說，他會用這種方式含蓄地表達歉意，消弭雙方的衝突。

　　假如神諭將嫌疑犯「定罪」，那麼阿贊德人就會確信自己的懷疑得到驗證，並且告知那位鄰人：神諭已經證實他在施展巫術。他會把神諭公雞的翅膀取下，除去羽毛，串在尖銳的

樹枝上，並且呈現給一位值得尊敬的人（大多是社群的首長），請對方將樹枝和雞翅一起交給鄰居，有時他們則會親自送達。傳信的人會把樹枝放在鄰人面前的地面上，告知他神諭已經宣判他有罪。

　　鄰人的回應也是儀式性的：得知神諭的宣判後，他會說自己萬分抱歉，完全沒有意識到這些巫術行為，並且吐一些象徵善意的口水，來收回或減弱自己不知情的巫術，而這事就到此為止 10。換句話說，鄰居會明確地向神諭尋求者道歉，同樣消弭雙方的衝突。

　　〔身材很好，打了很多洞的男士的手機響了，鈴聲是席琳·狄翁的歌。〕

　　還真看不出你是席琳的粉絲呢，卡諾夫先生！真是讓人刮目相看，原來你內心柔軟細膩，像朵花一樣……

　　〔猛男紅著臉，努力想關掉手機的聲音，一邊試圖轉移話題。〕

　　「這手機是偷來的。不過，順道一提，我本來想告訴你，關於神諭的解釋實在是淺而易見。就像你和你哥，那個社會裡的人如果有糾紛要解決，就得靠神奇八號球之類的工具。」

　　阿贊德人當然會用**本奇**來解決人際衝突啦，卡諾夫！我一開始就這麼說了。讓人不解的是：為什麼搖晃中毒的公雞會是合情合理的手段？

若要了解箇中原由，可以想想交通燈號。交通燈號能指揮交通，這是當然的，會規範駕駛的行為，防止大家撞成一團。想像有個沒有交通燈號的十字路口，兩位駕駛無法避免地每天都在上班途中同時抵達，上班的地點又相同。雙方都趕時間，希望越早到越好，而且又懷抱競爭心理，想像自己和對方賽車，要率先抵達公司。

如果兩位駕駛都毫不禮讓地衝過十字路口，車子就會撞在一起；不過只要有人禮讓，雙方都能平安到達目的地，但禮讓的那一方就會稍微遲到。更糟的是，如果對方沒有禮讓，他就會輸掉上班途中的競速比賽。

兩位駕駛的想法很明確：最理想的狀況就是對方禮讓，他就能順利通過。次好的狀況則是雙方都禮讓，既能避免車禍發生，而且雙方上班都會有點遲到，他就不算是輸掉比賽。第三名的狀態，則是自己禮讓對方通過，雖然上班遲到，輸掉比賽，但至少能避開車禍。最糟的狀態，就是雙方沒有禮讓，想直接通過十字路口，於是發生車禍。

少了交通號誌的規範，兩位駕駛會怎麼做呢？事實證明，有三種可能的狀況：一、第

一位駕駛禮讓，第二位通過。二、剛好相反，第二位駕駛禮讓，第一位通過。背後的邏輯很直接，假如一位駕駛預設另一方會直接通過，那麼最好的選項就是禮讓，反之亦然。當然，問題就出在雙方都希望能直接通過，也無從得知對方會怎麼做。

這樣的情況下，就可能產生第三種結果：兩位駕駛的行為模式會被打亂，有時會直接通過，有時則禮讓，而不是每次都維持相同的選擇（如果你對背後原因的細節很感興趣，可以看看導覽之旅結束後的附錄部分）。這樣事情就嚴重了，有時他們會同時通過十字路口，誰也不讓誰，所以撞成一團。

前面我也說了，只要在路口裝設交通號誌，就能夠解決問題。交通號誌能告訴駕駛到底要直接通過，還是要禮讓，而且確保一方通過時，另一方會禮讓。如果一位駕駛面對綠燈，另一位就是紅燈，反之亦然，所以不會相撞。

只要雙方遇到燈號是綠燈的機率大致相同，平均的遲到時間和比賽獲勝的機率也會相近，而且永遠不會發生車禍。因此，交通號誌的存在對雙方來說都較有利。交通號誌也會改變兩位駕駛的行為模式，和沒有號誌時一樣，但號誌能確保雙方的行為改變互相配合。

阿贊德人**本奇**神諭的功能和交通號誌一樣，不過不是指揮車輛，而是吵架的鄰居。

〔幾位團員異口同聲説。〕

「啥？」

　　我再舉個例子好了。想像有兩位鄰居，梅爾特和梅布，她們時常得罪對方，總覺得對方對不起自己。梅爾特感到冒犯時，其實梅布也覺得倍受冒犯，這種不好的感受是互相的。梅特爾缺乏自信，所以喜歡吹噓，再微不足道的成就也要大肆張揚，如果得不到誇讚，就覺得不受尊重。

　　梅布總是吝於稱讚別人，很少認同別人的成就，當其他人對她炫耀時，她會覺得不受到尊重。梅布的吝嗇常讓她冒犯梅特爾的玻璃心，而梅特爾不間斷地吹噓則令梅布心生反感。兩人的關係很近，時常互動，所以彼此冒犯的情況再三發生，也不時有紛爭，讓兩人互相厭惡 11。

　　面對衝突時，梅特爾和梅布各有兩種選擇：可以退一步，無論是用言語或行動主動向鄰居道歉；或是堅持立場，拒絕道歉，並要求對方致歉。

　　兩人最理想的狀況，都是堅持立場，而對方主動退讓。只要不道歉，就能維護自尊心，而鄰居道歉以後，雙方的衝突也得到解決。第二理想的狀況，則是雙方各退一步。既然雙方都道歉了，代表各嚥下一些屈辱，而道歉以

後，衝突也能化解。第三名的狀況，則是自己退讓了，鄰居堅持立場。主動道歉代表得放棄所有的自尊，但只要有人道歉，衝突就能消失。

最後，雙方最糟的狀況，就是各執己見，一步不退。如果雙方都拒絕道歉，代表沒有人的自尊心受到傷害，但彼此的敵意會增加，最終使得緊繃的氣氛爆發，惡化成言語或肢體的暴力衝突。暴力衝突不會有真正的贏家，而雙方又拒絕道歉，衝突終將難以弭平。

和汽車駕駛的例子一樣，梅特爾和梅布的故事也有三種可能的結局：梅特爾堅持立場，而梅布退讓；梅布堅持立場，梅特爾道歉；或是最可能的狀況，由於雙方都希望能維持尊嚴，又不確定對方會如何反應，於是出現不一致的行為模式，有時堅持不下，有時後退讓步。和汽車駕駛的例子一樣，不一致的行為會帶來問題：有時雙方同時堅持不下，造成最糟的後果，也就是言語和肢體衝突，誰也沒得到好處。

現在，假設梅特爾和梅布像我和老哥一樣，決定改用神奇八號球來解決衝突，所以問了這個問題：「告訴我們，神奇八號球，永恆真相的偉大訴說者，梅特爾（或梅布）對梅布（或梅特爾）的惡意情有可原嗎？」

神奇八號球的骰子有三面，一面是「是的，千真萬確」，一面是「不，大錯特錯」，第三面則是「等等再問」。

兩位鄰居把手放在八號球上，同時搖晃，再把球翻過來看看神諭揭示了什麼。她們對八號球的信仰都很堅定，也同意依照結果來

調整自己的行為。

假如八號球的答案是肯定的，那麼她們就認同梅特爾的惡意情有可原，讓梅布成為理虧的那一方。這個情況下，梅特爾就能堅持立場，要梅布道歉；梅布則必須退讓，以道歉來化解衝突。若八號球的答案為否定，她們就認為梅特爾站不住腳，梅布的憤怒合情合理。這時候，梅布會堅持梅特爾道歉，梅特爾則要道歉讓步，消弭紛爭。如果八號球的答案是「等等再問」，雙方就會重複問題，再次搖動八號球，看看會有什麼結果，不斷重複直到得到明確的答案為止。

神奇八號球就像交通號誌一樣，調整了梅特爾和梅布面對衝突的行為。當它指示其中一方堅持立場（不道歉）時，就代表另一方要退讓（道歉）。因此，雙方的衝突總是能解決，八號球的存在能帶來更好的結果。

〔一位穿著卡駱馳（Crocs）鞋，綁著腰包，臀部固定手機皮套的男士插嘴。〕

「先等一下！我可以理解為什麼神諭說她們可以要求對方道歉時，她們就會聽話。但到底

為什麼另一個，就是被要求道歉那個，會聽八號球的話？」

首先，很好看的手機皮套，旋轉功能應該挺帥的吧！

〔男士紅了臉。〕

我來回答你的問題吧！假設對於梅特爾到底有沒有理，八號球的答案是「不」，那麼代表她必須讓步，而梅布可以堅持立場。就像你說的，我們都知道梅布一定會這麼做。因此，如果梅特爾也聽從八號球的指示，乖乖讓步，她就能得到第三理想的結果；相反的，她如果拒絕服從，堅持己見，就只會有最糟的後果：雙方針鋒相對，爆發衝突，因為梅布會聽八號球的話，不願讓步。因此，無論八號球的決定為何，梅特爾都有足夠的誘因服從，而梅布也是。

〔戴手機皮套的男士說。〕

「我懂了！因為輸掉的那個知道贏的一定會聽八號球的話，迫使她也只好乖乖服從。」

正是如此。

〔後方一個年輕人插嘴。〕

「我還是看不出來對公雞下毒和八號球有哪裡相似了。八號球的答案是隨機的，大概有一半的時候你會得到肯定，另一半是否定，你沒辦法控制結果。但在公雞的例子裡，尋求神諭的人好像能操縱公雞到底會不會死啊。」

這會是個問題嗎？

「呃，如果我可以決定雞要告訴我什麼，就能每次都選擇對自己有利的結果。假如每次結果都對我有利，我的死對頭對本奇的公正性就會失去信心。事實上，就算他還是相信，一旦知道每次雞的答案都對他不利，他就不會願意聽從神諭的指示了吧？」

說得很好，的確是這樣。事實上，要用神諭順利化解衝突有三個充要條件，你提到了兩個：首先必須要「公平」，產生有利或不利結果的機率大概各半。除此之外，和第一點息息相關的是，人們必須對結果有信心，相信神諭能揭示出「正確」的答案。唯有如此，雙方才會有足夠的誘因服從神諭，化解紛爭。

〔*年輕人提問。*〕

「第三個條件是什麼？」

神諭必須能將雙方最不理想的結果排除，也就是讓雙方不至於各執己見，爆發衝突。不如這樣吧，我先說明**本奇**如何滿足第一個條件，然後再解釋其他兩個條件又如何達成。

確保**本奇**的結果保持公平的方法很聰明，也有點獵奇。當阿贊德人要尋求**本奇**對某人的看法時，他不能只問一次，必須進行兩次。第一次的神諭稱為本姆巴塔西馬（*bambata sima*），第二次則是金格（*gingo*）。若要得到肯定的答案，必須用第二隻雞來驗證，餵牠吃下毒藥。第二次的問題和第一次相反，毒藥的反應也要和第一次相反，才能證明第一次的答案是正確的 12。

換句話說，神諭得要殺掉一隻雞，並且放過另一隻，才能得到可信的結果 13。舉例來說，如果詢問者在第一次神諭時這麼問：「若某某人（鄰居的名字）的確用巫術危害我的什麼（打獵、身邊的人等等），請神諭的毒殺死這隻雞。」那麼，他第二次就得這樣問：「若某某人的確用巫術危害我的什麼，請神諭的毒放過這隻雞。」唯有兩隻雞對毒藥的反應相反，才能代表神諭給出可信的答案；假如兩次的結果衝突，詢問者就要「等等再問」。

這樣相反的兩次試驗的聰明之處，在於唯有毒藥的藥效夠強，殺死神諭公雞和放過牠的機率各半時，才有可能得到確定的答案。然而，**本奇**中使用的毒藥毒性強度不一，可能會因為接觸到不同的

物質、存放的時間，或是（大多數時候）詢問者的人為操作，而產生改變。因此，相反的兩次測驗可以排除受到這類因素影響，而產生偏差結果的狀況 14。

藥效太強的毒藥會殺死兩隻雞，讓神諭結果無法成立；藥效太弱的毒藥則會讓兩隻雞都存活，結果同樣無效。唯有毒藥的藥性剛好，讓雞隻有五成的存活率時，神諭的宣判才會成立。

阿贊德族其他和**本奇**相關的準備儀式，也有助於確保兩種結果的機率大約各占五成。舉例來說，按照規定，毒藥的劑量會依據雞隻的體型調整，比較大的雞要服下較多的劑量，較小的雞則較少。雞隻的體型大小會影響毒藥的效果，而這項規定用意在於抵銷這些影響 15。

同理，大家應該還記得**本奇**必須在公開場合進行，衝突雙方的人都會坐在幾英尺之外觀看，並且指揮詢問者 16。這和神判法的試驗恰好相反，神判法會故意讓觀眾保持在一定的距離以外。近距離的觀察者能防止神諭儀式被動手腳，例如把雞隻用力搖晃致死，或是只詢問一次，而非兩次。伊凡・普里查就寫道：「我見證某些時候，對執行者有利的結果應該是雞

隻死亡，但雞隻卻活了下來，而反之亦然 17。」

　　新萃取的**本奇**毒藥正式用於神諭儀式之前，阿贊德人會先進行測試。毒藥從森林帶回後，會先充分試驗，看看是否有些雞隻服用後死亡，有些則能存活 18。如果毒藥殺死所有的雞隻，一隻也沒有放過，他們會判定這批毒藥很「愚昧」，並加以棄置；相反的，如果連續四隻體型適中的雞不受毒藥的影響，他們也會停止測試，同樣拋棄毒藥 19。

　　本奇試驗的結果也證實，產生相反結果的機率大約是五成。伊凡‧普里查在阿贊德人的土地上，第一手觀察了四十九次神諭測試，其中二十二隻公雞死亡（約占四成五），二十七隻存活（五成五）20。儘管樣本數很少，結果卻很精準，這樣的機率真的讓人驚奇。

　　神諭要能有效解決紛爭，第二個條件是排除雙方行為最糟的可能性，亦即雙方都不肯退讓。**本奇**的做法是支持其中一方，並譴責另一方，宣告一方的憤怒合情合理，另一方則站不住腳，反之亦然21。具體的方法：詢問者必須問是非題，只問鄰居是否對自己施行巫術，而不包含自己對鄰居施術的可能性。

　　如果**本奇**的答案是「是的」，對詢問者和鄰居的意義都一樣，詢問者可以理直氣壯地要求對方道歉，並收回巫術，而鄰居必須道歉照辦。如果**本奇**的答案為「不是」，代表詢問者的懷疑是錯的，他得藉由恢復雙方的友誼來「道歉」。此時，神諭並未要求鄰居道歉，所以他不需要道歉，能堅持立場。

　　在第一種情況中，當鄰居公開表達歉意時，得按照**本奇**儀式的規定展現出真誠，懇求對方原諒。習俗不只規定道歉者要吐出口

水，連表達悔意的用詞都或多或少有樣板，而道歉時的誠懇語調也要符合傳統 22。這些儀式都能確保衝突真的得以消弭。

然而，有一種狀況下，**本奇**會判定雙方都該堅持自己的立場。要記得，每個願意遵守禁忌和規定的人，都能在任何時間進行**本奇**。因此，兩位鄰居原則上可以同時尋求神諭，並且證實對方確有施展巫術，讓自己站得住腳。

實際上，這樣的結果可能性卻很低。即使兩位鄰居同時尋求神諭，雙方的立場都得到支持的機率微乎其微。在差不多一半的**本奇**試驗中，雞隻會死亡，而如果要得到可信的神諭，必須出現兩次「正確」的結果，代表其中一方的立場獲得驗證的機會是百分之二十五，而**雙方**的立場都成立的機率，則僅有百分之六點五而已。

在有決定性裁決的神諭中，其中一方的惡意得到認證的機率是五成。但還有百分之七十五的機率，至少有一方的結果是「等等再問」，而重新提問時，他就是唯一的詢問者，也就不會有上面的問題了。

要知道，阿贊德人只有在特定情況下，才會用**本奇**來詢問巫術的事，例如農作物歉收、

打不到獵物，或是身體欠佳。這類的壞事通常會隨機分布在鄰居之間，所以兩位鄰居因為同樣的理由而同時尋求神諭，想知道對方是否使用巫術，這樣的機率相當低 23。

最後，如果要有效用神諭解決衝突，使用者必須相信神諭的結果精確。**本奇**就符合這個條件，阿贊德人認為在儀式中餵給公雞的毒藥是占卜力量的來源，公正客觀而且不會犯錯 24。

正因為如此，阿贊德人完全相信**本奇**，**本奇**所做出的判決總是被視為最終的結果 25。同樣道理的，阿贊德人對神諭的結果總是如實宣告，不會自行捏造 26。除了因為有證人在旁觀看以外，也因為他們對**本奇**的判決極度虔敬，所以不願偽造結果。毒藥神諭的權威太強，所以抗議也沒有用 27。雙方都不會想採取**本奇**指示以外的行為方式。既然雙方都依照**本奇**的指示調整行為方式，衝突也就得以解決了。

〔後方的年輕人又舉起手。〕

還有問題嗎？

「是啊。我可以理解為什麼對雞下毒有用了。我不懂的是，為什麼阿贊德人不用司法系統來解決衝突。我的意思是，他們有法庭，對吧？法庭感覺簡單多了，更何況，法庭或許還能做出真正公正的判決，而不是神諭那種假的結果。」

很高興你這麼問了！我差點就忘了很重要的一個部分。

或許你曾經和朋友吵過架，雙方都認為是對方的錯，誰都不想先認錯道歉，於是持續冷戰。有這樣經驗的人請舉手。

〔除了經濟學家以外，每個人都舉手了。〕

我們這些**有朋友的人**和朋友發生的衝突，就像鄰居間的衝突那樣，通常層級很低，都是些因為羨慕、嫉妒、敵意或冒犯等負面情緒，而引起的日常生活小事而已。在這類衝突裡，大部分都沒有「對」或「錯」；相反的，感受取決於個人的敏感程度。某些人覺得隱約受到冒犯的情況，對於比較不敏感的人來說，可能完全無感，沒有絲毫惡意。

如果法院要解決這些雞毛蒜皮的小事，大概每天都會忙翻了吧。更甚者，這些衝突的本質很輕微，很難判定要如何處理比較符合成本效益。我們的司法體系講微罪不舉，人際間的小摩擦不會成為法定的犯行，在阿贊德人的法律中也是如此。

在伊凡・普里查和阿贊德人生活的那幾

年中（精確來說是 1926 年到 1930 年），阿贊德的社會由酋長和幾位官員管理（通常是酋長的兒子）28。每個酋長的領地都會有地方的社群，他們選出受到信賴的人成為副手，協助官員管理轄區。阿贊德的政治統治者實行當地和殖民母國的法律（英國在 1905 年殖民他們），除了殖民官員的法庭之外，也有本土的法庭。

　　這些正式的政府機構可以用來處理重大的衝突，例如殺人和偷竊，但沒辦法解決低層級的大量紛爭：

　　　　可能會有對於耕地和獵場的爭議，或許有人懷疑妻子不忠，或許有人在舞會上互看不順眼。或許有人不小心脫口而出的話，被其他人轉述。有些人覺得別人唱歌嘲笑他……充滿各式各樣難聽的字眼和嘲諷，或惡意的舉動，等著要解決 29。

　　事實上，在阿贊德人所有的經濟和社會活動中，有各式各樣冒犯或被冒犯的機會，而往往雙方都沒有惡意 30。伊凡・普里查就形容他們是「極度敏感，幾乎有點病態」的民族，有點像我們這位喜歡席琳・狄翁的卡諾夫先生 31。

　　為了解決這些平靜日常生活下流竄的微小惡意與中傷，羨慕與憎恨，貪婪與嫉妒，阿贊德人不能只依靠政府，而他們找到的方法就是神諭 32。唯有在政治體系無法管轄的領域，人們才會指控對方使用巫術 33。而且要記得，巫術的懷疑和**本奇**儀式，針對的都是有小過節的對象。換句話說，阿贊德人用巫術的指控，來面對無法透過正式法院解決的紛爭，並且用神諭來解決。

　　本奇、羅姆尼亞和僧侶的詛咒有個重大的共通點：使用看似荒謬無稽的習俗，在**私底下**維護社會秩序。另一個共通點在神判法也能觀察到：將迷信制度化，以產生社會所預期的行為。

　　事實上，若要追根究柢，神諭和目前看到的所有「靠！什麼鬼？！」習俗，例如基尼格木和妻子拍賣，都很類似。看似毫無道理的習俗，卻能提供足夠的誘因，讓人們的行為模式對整體社會運作更有利。從結果來看，所有奇異的習俗，其實都是有益的。

　　我看到有些人舉手了，但假如不繼續前進，我們可能就會參觀不完，我可不希望這樣。所以，請跟著我往下一站移動，接下來或許是全部的展示品中最讓人驚呼「靠！什麼鬼？！」的部分了。

〔*一位沮喪的團員喊道。*〕

「那我們的問題呢？」

　　你何不問問等一下會經過的神奇八號球呢？

TOUR STOP

7

JIMINY CRICKET'S
JOURNEY TO HELL

小蟋蟀吉明尼的地獄之旅

─────

或許我的童年倍受保護，但大學的第一年真的讓我大開眼界。我看見有人用腳抽菸（正是我的室友），有個同學為了二十元在學生會面前尿溼褲子（在只有一千兩百個學生的大學裡，實在沒什麼有趣的事可做）。但最令我印象深刻的怪異事件，則包含了一隻殘障的松鼠。

某天下午在吃午餐的路上，我和朋友從宿舍外的樓梯往下走，低頭看見一個長得很奇怪的傢伙，穿了一身黑衣黑褲，綁著狂野的馬尾，蹲在一隻看起來受了傷的齧齒動物旁邊。

我朝他大喊：「你在做啥？」

他用實事求是的口氣回答：「我在照顧牠，讓牠恢復健康。」

「不好意思，」我說，「你剛才說你在照顧受傷的松鼠？」

「你耳聾嗎？」他吼回來。

我的朋友打岔：「你有什麼問題啊？那東西可能有狂犬病。」

照顧松鼠的傢伙靜靜地繼續做他的事。

其他午餐途中的人發現我們在往下看，也湊上來看我們在幹嘛。接著，更多人停下來問發生什麼事，很快地就有了一小群圍觀者。

　　我們又困惑地看了幾分鐘，然後認定樓梯下方那人應該是想讓松鼠維持坐姿，就像娃娃或絨毛玩偶一樣。那可憐的小東西看起來氣若游絲。

　　我又問他：「牠的腿斷了還是什麼的嗎？」

　　「我要為牠做一台輪椅。」那傢伙回答，顯然對眾多圍觀者感到不耐煩，指了指樓梯間的角落。

　　我朝他指示的方向一看，發現有包被撕開一半的大棉花糖，以及只剩一半的鹹餅乾棒。一旁還散落了一些棉花糖和餅乾棒。

　　「老天啊，」我喃喃自語，「他要用棉花糖和餅乾棒來做輪椅。」這讓周遭的人先倒抽了口氣，然後爆出笑聲。

　　「你看不出來牠沒辦法走路了嗎？」下面那人生氣地喊道。

　　雖然很好奇，但朋友和我都餓了，所以離開了那個奇怪的場景去吃午餐。其他人則留了下來，繼續觀賞杜立德醫生的手藝。

　　現在，有幾個問題：一、絕不可能用棉花糖和餅乾棒做出成年松鼠能使用的輪椅，況且是瀕死的松鼠。二、就算真的做出「輪椅」來，成品也肯定無法使用。三、即使能用，松鼠也

沒辦法操作。四、即使松鼠能駕駛輪椅，我們的校園也不是完全的無障礙空間，我還真不知道這隻松鼠要怎麼自由行動。我很驚訝，在宿舍外的樓梯下，竟有這麼個詭異的傢伙試圖為癱瘓的齧齒動物做輪椅，彷彿把牠當成了人類。

我當然也很喜歡動物，但絕不會想要幫牠們做輔具什麼的，畢竟輔具需要人類的靈敏度、智商和意志才有辦法操作。或許這讓我聽起來像個壞人，但事實就是如此。

當天晚上，我為那松鼠醫生起了個綽號叫「松鼠王」（就這麼流傳下去了）。他在學期末轉學，我希望他轉到獸醫學院了，我想我永遠忘不了他。什麼鬼？

松鼠王的故事先說到這裡，我等等會再回來。但首先，我要說另一個童年時代的回憶，各位再忍忍吧。

我是在預防藥物濫用計畫（*D.A.R.E*）的初期進入小學就讀，補充一下，預防藥物濫用計畫是聯邦推行的教育計劃，對象是青春期之前的兒童，內容包含警察每隔幾周就來班上探視（至少我們學校是這樣），還會帶著一隻有點髒的吉祥物「*D.A.R.E.* 熊」，以及許多反毒、反酒精和反菸的宣傳。警察會向我們說明這些物質的危害，並發放相關的宣傳單和學習單，還播放可怕的影片（一個抽菸的小孩受到尼古丁的影響而暴怒，殘害自己的家人）等等。

在計畫結束時，會有個「結業典禮」，理論上是代表我們已經學到許多毒品、酒精和菸草的知識，並且將致力阻止朋友接觸這些物質，還會唱一首很像蘇聯共產主義青年團歌的詭異歌曲。

我得說，雖然預防藥物濫用計畫有許多愚蠢的地方，但至少在

我身上，它是有效的。一直到大學以前，我都沒有菸癮，也沒變成酒鬼。這個計畫已經在全國行之有年，所以我猜除了我以外，應該也有許多小孩從中受益。

你或許會覺得很奇怪，政府為什麼要如此大費周章對孩子說明非法藥物的危險性。畢竟，非法藥物是非法的。法律明文禁止購買和持有毒品，違法的刑罰可能相當嚴峻。理論上，這已經提供了足夠的誘因，讓人們遵循政府的意思，遠離違法的有害物質。但事實不然。

其中一個理由，是對抗非法藥物的執法困難。執法過程包含偵測，而政府官員能偵測到個人使用毒品的機率相當低。或許你們之中有人現在就吸得很嗨，但是沒人看得出來。

理論上來說，政府可以大幅提升掃毒的規模，例如在每個街角都安排警力監控。但這樣的成本太高昂，而且還是會有吸毒者成為漏網之魚。於是，該輪到預防藥物濫用計畫上場了。如果你從八歲起就被灌輸吸一根大麻菸就足以讓你頭痛欲裂，陷入貧困，無家可歸，甚至可能把家人和朋友都拖下水，那麼即便是在政府看不到的地方，你使用毒品的機率也會降低許多。教育會讓人對於吸毒產生內

在的抗拒，就不再需要政府的監控了，這稱為內部成本（*internal cost*）。如此一來，執法機構沒有成本或能力達成的事，政府能夠透過教育完成，在人民心中灌輸恐懼、羞恥和罪惡感。

政府不只在反毒這方面仰賴「道德勸說」。大概不是每個人都喜歡繳稅，很多人都企圖避稅，雖然能透過審查納稅申報表來預防，但如果能創造逃稅的內部成本，就能更有效地減少逃稅的狀況了。

1943 年，美國的財政部要求迪士尼公司創作特別版的唐老鴨卡通，現在 *YouTube* 上還有完整的影片₁，你們應該有空找來看看，不過大綱如下：納稅的日子快到了，唐老鴨得快點決定是要存錢繳稅（當年因為第二次世界大戰，稅金特別高），或是把錢花掉來逃避納稅的義務。

卡通描述唐老鴨的內心天人交戰，「天使鴨」站在他其中一邊的肩膀上，鼓勵他遵守政府的政令；「惡魔鴨」則出現在另外一邊，要他盡情花錢沒關係。兩隻「內心的鴨子」在唐老鴨面前互相拉扯，爭執不休。接著是一段漫長但有趣的宣導，傳達每個人都應該繳稅，才能打敗軸心國。

你們接下來要觀賞的「靠！什麼鬼？！」習俗相當有意思，結合了松鼠王的故事，和剛才的「道德勸說」概念。看不出關聯性嗎？沒關係，請往這邊移動……

你們眼前這隻老鼠的標本可不只是隻老鼠而已，牠因為偷吃農夫的作物，而在十七世紀晚期的法國法庭接受審判，最後被以偷竊農夫穀物的罪名定罪，並且受到懲罰……

BARON BALDESMERE, Esq.

〔人群不約而同發出懷疑和困惑的驚嘆，有
人大聲說。〕

「等等，倒帶！你剛才是說這隻填充老鼠標
本因為犯罪而接受審判……而且還被定罪了？」

什麼？喔，老天，當然不是！

〔團員們鬆了口氣，笑了。〕

抱歉，我解釋得不夠清楚，牠在**接受審判的時候**，還沒被做成填充標本。在審判和定罪的過程中，牠都活得好好的！被做成標本是牠死了以後的事。

〔團員中臨時的發言人問道。〕

「等一下！所以這隻老鼠真的在法庭上接受審判？難以想像！」

別擔心，巴德斯梅爾男爵（這是牠的名字）的審判經過正當的程序，而且還享有法庭指派的優秀辯護律師。不過我們有點跳太快了，還是從頭說起吧！

超過兩百五十年來，法國、義大利和瑞士的教會法庭都會以損害財產的罪名審判害蟲和齧齒動物，將牠們當成法人，使用的法律和審判過程都和真人一樣。這些法庭會因為擅闖私有地而傳喚蝸牛，指派法律顧問給蝗蟲，並且以同為上帝造物的理由為蚱蜢辯護。他們判定金龜子破壞農作物，懲罰田鼠偷竊農夫的財產，並且用絕罰或詛咒驅逐象鼻蟲。

害蟲審判並不是黑暗時代貧窮、無知而原始的產物，它們出現的時間還要更晚，人類的文明已經發展到一定的程度：文藝復興時代。更甚者，它們出現在當時世界上數一數二的富庶國家。

害蟲審判的其中一個解釋，就是審判的司法人員都是瘋子。如果仔細看看審判紀錄，更會讓人想做出這個結論。紀錄中，我們會看到尊貴的法官命令蟋蟀服從法庭指示，可敬的律師幫助農夫和甲

蟲協商合約，以及高貴的法庭准許一群老鼠被
告延期審理，因為有幾隻貓阻止牠們出庭。

你可能會覺得這是歷史開的詭異玩笑，或
愛麗絲夢遊仙境其實是真實故事。但歷史沒有
開玩笑，而雖然仙境中會抽菸說話的毛毛蟲純
屬虛構，但把毛毛蟲當作會說話抽菸的人來審
判的法庭，卻是真實存在的。

教會法庭害蟲審判的黃金時代是十五到
十七世紀2，在那段期間，人們只要遇到害蟲
防治的問題，就會到法院對牠們提起集體訴訟
3。法院會用主教的裁判權來進行審判，病蟲
害的苦主是原告，被告則是由該種害蟲或齧齒
類的其中一隻為代表。

害蟲審判的根基是現代早期的迷信：如果
教會法庭援引適當的法條來指控未經上帝允許
就危害人類的害蟲，上帝就會用超自然的力量
阻止牠們。

「神聖殺蟲劑」這樣的想法看起來很荒
謬，但如果和其他文藝復興時代的防治方法相
比，似乎就沒那麼怪了，例如在田地裡撒黃鼠
狼的骨灰，或貓咪的洗澡水，來驅逐老鼠；抓
一隻老鼠閹了放回去，藉以嚇跑其他老鼠；在
田裡種蓖麻來趕走鼴鼠；或是在領頭羊的脖子

上掛大蒜，以預防狼群攻擊 4。

　　這些方法都是自古流傳下來的，而顯然文藝復興時代的人欣然接受，毫不懷疑，還會把古典書籍裡看到的辦法推薦給別人，因為找不到什麼防治蟲害的實驗記載 5。只有一個例外，就是神聖殺蟲劑。現代早期的害蟲防治手冊寫道：「當所有的方法都失敗以後，就得尋求教會的禁令 6。」

　　人民會因為財產受到損害而控告害蟲，舉例來說，十六世紀法國奧坦地區的居民對一些田鼠提告，說牠們「大肆啃食、嚴重損害當地的大麥 7。」在 1478 年，瑞士伯恩的居民控告「步行蟲」潛入他們的土地，破壞草地和其他穀類作物 8。而 1659 年，義大利基亞文納、梅賽、戈登納、普拉達和薩摩利科的鎮民聯合控告毛毛蟲擅闖並破壞他們的土地。

　　對害蟲提告時，原告要先對主教、主教在當地的代表，或代表地方的官員陳述自己的問題。這些官員稱為「檢察官（*procurator*）」，地位相當於現在的地區檢察官。如果他們覺得問題嚴重，就會採取行動。

　　當事人提出告訴後，檢察官會在該主教轄區的教會法庭發布正式的訴狀，陳述控告的罪狀和犯罪的特定害蟲物種。接著，他會請求法院命令該害蟲立刻停止侵犯的動作，如果被告拒絕，就強制執行。

　　下面是 1541 年，義大利倫巴底市民控告蝗蟲的檢察官陳述。這個案子的名字很有意思，叫「人民 *v.* 蝗蟲」：

　　　　先生們，這些可憐的居民們跪在地上，雙眼含淚，懇請

您發揮正義感……你們握有絕罰的力
量，比凱薩大帝的任何兵器都還要強
大，能夠從迫在眉睫的饑荒中拯救他
們。這些小怪物肆虐橫行，到處破壞，
無論是玉米或葡萄都難以倖免……在
用盡所有尋常的方法以後，唯一能做
的就是依照原告的申請內容來進行審
判，申請內容全屬事實，並無虛假捏
造。請禁絕這些動物繼續進行破壞，
並令其離開前述的土地，前往指定的
地點。請傾聽請願者的祈求，以聖母
和教會的名，發布驅逐令9。

　　如果法院覺得原告的訴求合理，可能會
要他們公開祈禱讓害蟲離開，為此舉行遊行，
或指示他們展現更虔誠的信仰，並懺悔自己的
罪。假如害蟲沒有離開，則會開庭審判牠們的
罪。有的法官會跳過前面的步驟，直接進行審
判。
　　教會法庭會指派辯護律師給被告的害蟲或
齧齒類動物，大費周章地確保牠們法律的代表
權利受到保障。因此，在1519年義大利格洛
倫扎的居民控告田鼠損害財產時，法院指派法

律顧問給田鼠們，確保牠們對整個過程沒有任何怨言 10。同一個世紀稍晚的時候，法國聖讓德莫里耶訥的居民則控告了象鼻蟲，法院為牠們指派兩位法律代表、一位檢察官和一位律師，生怕牠們沒有保護自己的能力 11。

有些法院指派的害蟲辯護律師遠不只是有能力而已，其中一位名叫巴薩羅謬・沙瑟尼（*Bartholomé Chassenée*），是當代頂尖的法學家。1540 年時，沙瑟尼成為普羅旺斯議會的議長，為一群田鼠辯護而名聲卓著。而我這位尊貴的同事巴德斯梅爾男爵，就是其中之一。

害蟲的律師會在法庭上為牠們辯護，常用的策略就是宣稱被告也是上帝的造物，所以和原告同樣有享受土地果實的權利。另一個策略則是宣稱案子無效，原告應該被駁回。

而某位害蟲辯護律師的論點則是他的客戶**就是害蟲**。看看下面這篇「人民 *v.* 蝗蟲」案子，蝗蟲的律師採取的策略：

　　先生們，既然你們選擇我為這些小怪物辯護，我便如你們所願，努力為牠們發聲，證明這個案子無效，不應該成立。我必須承認，牠們所受到的對待和指控讓我很震驚，彷彿牠們真的犯了什麼罪。關於牠們被控造成的損害已經蒐證完成，而牠們被傳喚到法庭為自己辯護，但牠們的蠢笨惡名昭彰，而法官不希望牠們的權益因此受損，所以指派律師代表，為牠們辯護，因為牠們沒有能力……

　　首先，我將說明為什麼這個起訴無效。被起訴的對象是

動物，沒辦法也不應該出庭，因為法
庭審判代表兩造都應該有理智和自由
意志，因此才能夠進行犯罪 12。

假如這段文字的目的是反對將害蟲視為法
人，那麼的確是很出色的翻案，只可惜它是出
現在依據法律，將蚱蜢和鼴鼠視為法人的審判
過程中。

根據沙瑟尼在 1531 年的著作，還有一個
害蟲辯護律師可以採用的策略：可以宣稱自己
的客戶是神職人員，應當享有相應的權益。這
會讓害蟲或老鼠的案子交由教會的法官審理，
而非世俗的法官。從沒有害蟲辯護律師試過這
個論點 13，但當時的法院似乎也能接受毛毛蟲
或田鼠其實是僧侶的可能性。

害蟲的審判牽扯到許多法律爭議，而法官
對牠們可以相當公正。想想這個例子吧：十四
世紀時，某個社區的居民控告蒼蠅，而令人驚
愕的是，牠們拒絕出庭。但顧及牠們體型渺
小，尚未發育完全，法官決定不計較牠們的缺
席，並且指派辯護代表，確保這樣的情況不會
再發生 14。

有時候法院會宣判被告的害蟲無罪，或無

法順利讓罪名成立，造成同樣的結果。然而，大多數的例子裡，他們都會判被告害蟲有罪，可以說是不成文的規矩了。法官會傳喚害蟲出庭應訊三次，傳喚的方式是由法院人員在牠們最常出現的地方宣讀傳票15，假如牠們三次都沒有回應，法院就可以宣判牠們有罪。

為了確保被告品種的每個成員都知道自己有罪，法官會公開宣告，並且將公告釘在蟲害範圍內的樹上。有的法官則會把幾隻害蟲帶到法庭上，通知牠們判決的結果，再將牠們送回活動範圍，把這不幸的消息和同僚分享16。

法官同時也會告知害蟲牠們的罰則：從神聖的教會被驅逐，並且遭受詛咒。下面是「人民 v. 蝗蟲」的法院判決：

> 以上帝之名，全能的父、子和聖靈，以及萬福的聖母瑪麗亞，和使徒彼得與保羅的權柄，讓審判得以完成。我們誠令前述的蝗蟲和蚱蜢，以及其他不同名稱的動物，在詛咒的痛苦中離開這一區的葡萄園和田地，期限是宣判的六天之內，也不得在其他地方造成破壞17。

害蟲審判的結果總是很諷刺：陷入困境的原告只能不斷詛咒這些害蟲和鼠輩，而法院則依法詛咒了牠們。

我看到有人舉手，眼影很像小丑的女士？

〔她指著自己的臉，小聲説了句「混帳」。〕

　　「我能理解害蟲審判和松鼠王的故事有什
麼關係，但這些和內部成本之類的又有什麼關聯
呢？」

　　妳的第一句話我沒聽清楚，不過我接下來
就要說明內部成本了。在現代歐洲的初期，天
主教會對平民的稅收模式，是徵收什一稅（拉
丁文是 *la dîme ecclésiastique*）18。理論上，
人民所有的農產品、家畜和漁獵、貿易收穫，
都要繳納十分之一；但實際上，教會只對農作
物和家畜進行徵收。稅收是當時教會主要的資
金來源，根據估計，在法國大革命前夕，其占
的比例是三分之二 19。

　　教會根據農產品實際的產量來估算應繳納
的什一稅，稅率則會因為時間、地點和產品而
不同。對小麥、燕麥、大麥、黑麥和紅酒，徵
收「大什一稅」（*grosses dîmes*）；對蔬菜、
牛奶和羊毛等，則徵收「小什一稅」（*menues
dîmes*），但典型的比例還是十分之一 20。教
會有時會直接收稅，有時則把收稅的資格租賃
給「什一農戶」（*tithe farmer*），事先收取
租金 21。

　　確保每個人都繳什一稅很困難，就像今天

的納稅和掃毒一樣。政府承認教會收稅的權利，教會方面則借用政府的強制力向平民徵收。然而，政府的效能還是有限，大都只能用來對付明目張膽的違抗者，既容易偵查，也容易懲處。相反的，政府很難處理私下耍小手段，想少付一點的人。什一稅的逃稅極難發現，幾乎是不可能的任務。

人民發展出「一千零一招」什一稅逃稅法 22，有些很簡單：他們開墾了新的土地，卻不申報。類似的作法還有在收稅者來估算之前，預先把一部分的收成藏起來。

比較精密的手段，則是更換作物：用稅率比較低的作物取代稅率比較高的，或是乾脆種不會被課稅的作物。有時則是在土地上同時種植高稅率和低稅率（或不收稅）的作物，如此一來，他們只要按照較低的稅率繳稅即可。

人民也會設法鑽漏洞。一般來說，私人的花園不必納稅，所以他們會擴建花園的規模。收成的作物堆下成綑的稻草不用繳稅，而如果不把作物堆移開，收稅者就無法檢查成捆的稻草，所以他們就越捆越大。

另一個漏洞是「零碎的」（rompu），也就是收成中除不盡的部分。舉例來說，假如稅率是十二分之一，而農人收成了十七捆小麥，剩餘的五捆就是零碎的。根據習慣，零碎的部分不用繳稅，所以人們會依此調整一綑的大小。

不同田地和農夫的產量自然不同，所以即便最粗糙的避稅手段，也很難拆穿。收稅者很難判定某人申報的小量農產，是真的作物歉收，還是意圖逃稅，只能盡量監控收成，防堵鑽漏洞的行為。當然，

他們不是毫無概念，也知道當年的氣候如何，
以及不同大小土地的大約產量，所以雖然無法
肯定每塊地的實際產量，但仍能估計出一個底
線。然而，教會收稅的方式太容易受人為操弄，
對於時間、人力和物力都有限的收稅官，造成
他們難以克服的巨大障礙 23。

　　透過外在偵查和懲處的手段無法克服，
教會只能設法從內在的誘因下手，有點像是文
藝復興時代的預防藥物濫用計畫。但畢竟是教
會的計畫，所以靠的是超自然的事物，而不是
教育。在吉普賽人的部分，我們就討論過超自
然的制裁會「自動執行」。上帝的全知全能可
以百分之百偵測出破壞規定的人，並且加以處
罰；因此，教會用超自然力量制裁違規者的方
式，就是宣稱他們要使違規者們背離上帝。

　　對神的背離程度像個光譜，其中一端是犯
下小罪小惡的人。教會宣稱，違反其旨意的人
都犯了罪，讓自己背離上帝。未獲得寬恕的罪
會削減來世和上帝相處的時間，增加待在煉獄
的時間。

　　光譜的另一端，則是受到絕罰的人。絕罰
意味著教會將某人從上帝和上帝的子民身邊驅
逐，使他失去一般的救贖機會 24。我在前面僧

侶詛咒的部分提過，絕罰會依據嚴重的程度分類：輕微、重大和天譴。受到輕微絕罰的人無法參加聖禮，重大決罰的人則無法接近神和教會。天譴的詛咒則更加重了些，包含激烈的儀式、以上帝和諸多聖人的名義詛咒受罰者，以及表明他的靈魂會被送到撒旦手中。

　　大部分罪人的懲罰都是來世才會發生，例如煉獄和地獄，但被驅離神的人可能在現世就會感受到一部分的懲罰。受罰者無法再接受教會的保護，或領受神的恩典，因此肉體的生命很容易受到撒旦的傷害，或是上帝的處罰，例如疾病、瘟疫，或是更嚴重的厄運25。

　　教會透過超自然的制裁來驅使教友繳稅26，宣告逃避什一稅是一種罪，而逃稅的人會受到絕罰或詛咒27，甚至還將人民繳稅的道德義務列為教會的戒律之一28，不斷地反覆提醒29。

　　教會將逃稅塑造為一種罪，繳稅不再是對教會的義務，更是對神本身的義務30。第四次拉特朗大公會議宣告：「主將什一稅保留給自己，象徵祂全地的權柄31。依據神聖的律法，我們都應當繳納。32」

　　因此，逃稅就代表直接違抗上帝的旨意，不給祂屬於祂的東西。十三世紀的神學家哈萊斯的亞歷山大（*Alexander of Hales*）給了人民這樣的訊息：「基督徒必須施予收穫的十分之一或更多，才能夠進入天上的王國。33」

〔*眼妝很濃的女士看起來有點挫敗，打岔道。*〕

「我現在了解你說的和道德成本與逃稅有什麼關係了。但害蟲

呢？害蟲審判跟這又有什麼關聯？」

耐心點，咪咪[24]，我快說到了。

教會的超自然制裁或許能夠防止人們逃稅，但還得要人們相信這種制裁，才能順利生效。和僧侶詛咒的例子很像，對於逃稅者的詛咒效力要夠強，才能在缺少外在處罰的情況下，讓人民仍然選擇乖乖繳稅。但和十到十二世紀的僧侶不同，現代早期的教會已經不再壟斷人民的宗教信仰。

〔眼影很濃的女士：〕

「為何不？」

因為有異教徒。

「異教徒？你是指崇拜惡魔的人嗎？」

〔另一位團員喊道：〕

*
24.
Mimi Bobeck-Carey，
美國情境喜劇的虛構角
色，特色是很厚的藍色
眼影和濃妝。

「讚美撒旦！黑暗的君王！」

〔神父像個十歲小女生那樣尖叫，然後昏倒了。〕

不，不盡然是惡魔的崇拜者。不過謝謝你，先生，真是奇怪又不恰當的發作啊。

在宗教改革的前夕，以及改革的鼎盛時期，歐洲出現了各種挑戰天主教獨裁，提出不同救贖理論的人民群體：異教徒。其中有個教派特別重要，可以說是改革的先聲，稱為「瓦爾多派」（Vaudois）或「瓦勒度派」（Waldenses 或 Waldensians）。

瓦勒度派誕生於十二世紀晚期的法國里昂，在接下來的一百年裡，慢慢擴散到南法的朗格多克、奧地利、波希米亞和東德。早期的瓦勒度派對天主教會無法構成什麼威脅，只有部分教徒抱持稍微偏離正統的觀點，而且宗教裁判所的壓力總是相對輕易地迫使教徒回歸完全正統的天主教會。

然而，時間證明有一支堅毅而危險的瓦勒度教派，從倫巴底傳了下來。他們的規模在十四和十五世紀有顯著地成長，最興盛的時期幾乎就是和害蟲審判通行的時間。

起初，瓦勒度教派的「異端」不過是在未經教皇允許的情況下傳教。從教義上看來，他們仍屬於正統的天主教。然而，在十三和十四世紀，他們的觀點演進成真正的異端，而且相當不尋常。

和宗教改革的後繼者不同，瓦勒度教派結合了傳統的天主教義和反天主教的思想。他們會過四旬期，在教會受洗，參加彌撒，也舉行臨終聖禮，並和天主教會一樣，肯定行善的重要性。如果將「激進」的異端定義為質疑每條基本教義，那麼他們並不屬於此類 34。

　　然而，瓦勒度教派對人民信服教會權威的這個層面，還是構成嚴重的威脅。事實上，他們的核心信仰就直接挑戰了教會的權威。瓦勒度教派屬於多納特主義（*Donatism*），在他們的思想中，個人在神聖事務的權力，特別是施行聖禮方面，並不取決於他是否屬於教會官方，而是他個人的義。

　　這樣的觀點從兩方面挑戰了教會的權威。首先，暗示了教會並不如他們所宣稱能獨斷個人和上帝的距離。第二，瓦勒度教派受到多納特主義的影響，時常直指教會的貪腐，認為許多（甚至是絕大部分）的神職人員根本就沒資格擁有神聖的權柄。

　　這些觀點也對什一稅的徵收有很大的影響，因為假如收稅的神父和上帝根本沒有特殊的管道聯繫，或是腐敗到已經背離神，那麼說到底，每個人都有權利決定自己要不要付錢。十六世紀早期普羅旺斯的傳道者皮埃爾・格里奧就觀察到，瓦勒度教派的人相信「假如神父的行為失格，拒繳什一稅就不是罪。」或是有位教徒更直白地說：「上帝從沒叫我們繳過什一稅 35。」

　　同樣重要的，瓦勒度教派拒絕接受神職人

員絕罰或詛咒的權力。如此一來，會使得教會的超自然制裁失效。一位 1486 年的信徒就說，他們被教育來自教會的譴責傷害不了任何人，應該加以忽略 36。另一位則說，他被教導要忽視教會的譴責和贖罪券等等，因為這些都是詐財的手法 37。宗教法官伯納德・古伊（Bernard Gui）說：「這個教派非但不接受教會的規範，也無視教皇的法令 38。教友藐視教會的譴責 39，認為絕罰或詛咒一文不值 40。」

　　瓦勒度教派也不承認煉獄的存在。他們有一句格言是這麼說的：「來世只有兩條路，也就是天堂和地獄，根本沒有煉獄這種東西 41。」和不接受教會的神聖權威一樣，否定煉獄的存在也會帶來嚴重的後果，因為一旦煉獄在人們心中建立起堅固的信仰，害怕無法永生的人就會接受教會的各種規定，而給神職人員帶來不小的收入 42，例如什一稅。

　　最嚴重的是，早期的現代天主教會把瓦勒度教徒和巫師畫上等號，神學家們都支持這個論點，認為他們雖然起初謹守安貧和禁慾，最終卻轉向巫術 43。瓦勒度教派的聚會都在夜間祕密進行，所以唯一合理的假設，就是他們在從事難以想像的離經叛道行為，例如狂歡縱慾，與惡魔交媾，或其他淫亂之事。

　　到十五世紀時，巫術不只被嚴格定義為異端，更和瓦勒度教派密切相關，教派的名稱幾乎成了巫術的同義詞 44。在汝拉山區（Jura），這樣的印象更是深植人心，「瓦勒度」成了魔筵的代名詞，指的是女巫在午夜的聚會 45。

　　面對瓦勒度教派造成的威脅，天主教會只好想方設法鞏固人民

對超自然裁判的信仰，也就是在他們對什一稅的內在成本逐漸減弱時，打一劑強心針。他們的方法呢？害蟲審判。

實行審判的教會人員會直接將病蟲害問題和人民是否乖乖繳稅連結在一起。下面這篇是1516年，法國特魯瓦的法庭對蟲子損毀財產的定罪宣判：

奉全能的神之名，以及聖父、聖子、聖靈，萬福瑪麗亞，我主耶穌基督之母。奉使徒彼得和保羅的權柄，審查此次事件，定罪前述的動物：象鼻蟲和蜜蜂，或用任何其他名稱，應當離開在詛咒的懲罰下，按照判決的規定，六天之內維勒諾克斯的特定區域，並且永不在此地或特魯瓦的其他地區造成任何傷害。假如六天過去，而前述動物沒有完全服從命令，我們將在第七天實行上述的權柄和力量，對牠們施加詛咒！

然而，我們也正式命令前述的維勒諾克斯居民，無論地位、階級或處境，都應該更敬拜上帝，因為祂的大

能帶來恩典，使我們遠離邪惡，從嚴重的疫病中得到拯救。命令他們多加行善，虔敬禱告，更重要的是，真實不欺的根據地方的規定來繳納什一稅 46。

判決裡有幾個值得注意的地方。首先，法院對蟲子的裁判和教會對逃稅者的一樣，都借助了超自然的力量：詛咒、絕罰和天譴。法院對蟲子的詛咒也用相同的套路，借助聖三一、聖母瑪莉亞和使徒的名義。他們對於害蟲和避稅者，用了一樣的詛咒懲處，等於是將所有不聽話的教民和害蟲放在同一個立足點上，也加強了超自然懲處的公信力。

第二，法庭的判決明文要求人民停止逃稅，就是在向原告居民們暗示，是逃稅的行為導致蟲害肆虐，而乖乖繳稅就能消災解厄。此外，也隱含了威脅的意味：如果他們繼續鑽漏洞，禍害就會持續下去。

許多害蟲審判的核心意義，都是勸導居民照實繳納什一稅。想想「人民 v. 蝗蟲」的案子吧：首先，義大利法庭將被告判罪，並用詛咒威脅牠們順服；接著，要求原告展現更多的虔敬之心，特別是要「根據教區的規定如實繳納什一稅，不得有詐欺瞞騙之行為 47。」

〔撒旦的崇拜者：〕

「所以説，教會是把審判當成另一種傳教手段了。但他們這樣為什麼能強化人民對超自然制裁的信仰？」

　　其實還挺容易的。害蟲的審判有兩種可能的結果：受到制裁的害蟲逃跑或死亡，不再損害被告的財產；或是，牠們會留在被告的土地上，繼續破壞。

　　如果出現的是第一種結果，就能強化教會超自然制裁的權威。害蟲在審判後不久即死亡或逃逸，是因為受到教會的詛咒懲罰，因此，教會可以搶走全部的功勞。

　　然而，如果出現的是第二種結果，就會拆穿教會的騙術。被判罪的害蟲即便受到詛咒，仍然留在原告的土地上，人們會開始質疑教會超自然制裁的真實性。因此，這類害蟲鼠輩的審判最關鍵的一點，就是法庭有能力影響結果。

　　昆蟲和齧齒動物具有流動性：田鼠群可能會因為其他地方的覓食機會較多，而離開原本的基地，蝗蟲群的遷徙亦然。當然，害蟲也可能受到掠食者的驅逐或殺害，或是有其他人們不得而知的原因。即便在很短的時間內，害蟲都可能停止對原告的騷擾損害，這就成了教會制裁帶來的「奇蹟」。

　　如果審判時間越長，害蟲問題自行消失的可能性就越高。因此，教會的法庭會延長審理

期間，提升害蟲在判決處罰後消失的機率。拖延的方式有很多，事實上，審判的程序完全由教會決定，所以他們可以隨心所欲地調整審判的時間。舉例來說，1587 年有個案子是象鼻蟲被控在當地的葡萄園 48「掠奪……造成無法估計的損傷」，審理過程持續了八個月，而這並不是特例。

害蟲審判延期是家常便飯 49，而且每次都會拖很久。法庭會想盡辦法找藉口，藉以拖延宣判的時間 50。有個法院在做出驅逐的宣判後，就給予被告物種中懷孕的個體「自由且受保護的通行證，再加上額外十四天的延期」51。其他的法庭，例如審理「人民 v. 蝗蟲」一案的，在詛咒懲戒之前，就給了害蟲六天的緩衝期。

整個審理過程，法官不斷准許害蟲方延期審理。除此之外，他們會用最嚴謹的態度面對，密切注意每個法律細節……謹慎的程度遠超過面對任何人類當事人 52。有個法庭就提到：「面對原告居民對被告所提出的指控，應當謹慎思考，用嚴肅而周全的態度審理 53。」毫無疑問，謹慎、嚴肅和周全都讓審查更曠日廢時。

只要可以拖延時間，似乎再怎麼浮誇的藉口都可以接受。舉例來說，沙瑟尼提出他的田鼠客戶無法出庭，因為法院傳票傳達的範圍太小，田鼠們沒有收到消息。然而，第二次傳喚時，牠們還是沒有出現，沙瑟尼的理由是鼠群裡有些成員年老體衰，需要更多時間。第三次開庭，田鼠依舊不見蹤影，原因是有些貓咪會阻礙牠們。上面的每個理由，法院都接受了。

而在前面提到的象鼻蟲案子裡，原告對於冗長的審理時間感到厭倦，提議和牠們協商和解。律師寫了一份協議給法庭和象鼻蟲參

考，提議牠們可以和平轉移到附近的拉葛蘭德費伊斯。接著，法庭很開心地得到象鼻蟲律師的否決：他的客戶完全無法接受拉葛蘭德費伊斯，該地點無法滿足牠們的生活必需。法院於是派人到當地調查，讓審理過程又大幅延長了。

　　這個案子最後的結果不得而知，因為有些害蟲把紀錄的最後一頁給破壞了。但等到所有的法庭鬧劇都結束，已經過了大半年。這樣的審理通常會在細節上鑽牛角尖，一拖就是好幾個月 54。

　　〔撒旦的崇拜者似乎有話要說。〕

　　有什麼看法，奧茲？

　　「我懂了！」

　　請繼續……

　　「蟲子和老鼠總有一天會自然死掉，所以只要拖得夠久，教會就可以讓一切看起來像是牠們受到懲罰，人們就會相信那些詛咒都是真的，

只好乖乖繳什一稅！所以教會的人只要一直拖時間，等害蟲掛點就好了！」

很接近了，但不完全是。的確，時間夠長的審判能確保害蟲在教會的詛咒或威脅下離開，至少到了冬天，害蟲一定會消失。教會所面對問題是，每個人都很清楚，時間長短和問題自動解決的可能性成正比。即使是知識最不足的農夫也會知道，害蟲總有死去或離開的一天。因此，在審判時間拖延到蟲害消失的情況下，無助於加強人們對超自然制裁的信仰。更概括地說，審判拖得越久，蟲害的消失就越難成為教會力量的證據。

相反的，審判時間越短，就會成為越有利的證據，也越能提升人民對教會的信仰。而最有說服力的證據，能讓人民深信不疑的，就是能在最短時間內生效的判決；換句話說，就是在開庭的當下就宣判害蟲有罪，而牠們也確實快速地遠離了。然而，審判時間越短，成功率就越低。

於是，教會面對了艱難的取捨：較短的審判比較有說服力，但是逆火反彈的風險也比較高；較長的審判比較可能得到理想的結果，但比較難讓人相信。如果你對於抉擇的細節感興趣，導覽結束之後到附錄找我吧！

無論如何，教會最後的決定相當直觀：適當延期，但在蟲害自然結束之前做出判決，就能有假陽性的結果。如果審判期間夠短，人們就會排除自然因素的可能性，而認為害蟲消失是教會超自然制裁的結果。如此一來，人們的信仰就更加堅定，本來還心存懷疑的

逃稅者也會考慮乖乖繳稅。

當然，教會只會在有必要的情況下進行害蟲審判，特別是加強信仰能帶來利益的時候。如果某個地區的居民對教會超自然制裁的信仰已經很堅定，所以乖乖繳納什一稅，那麼舉行害蟲審判只是浪費成本，毫無利益可言。因此，如果居民想控告害蟲，教會只會要他們為此禱告而已。

相反的，如果人民的信仰較薄弱以致逃稅時，教會就能透過長短適中的審判得到利益。因此，在人民要求審判時，他們就會照辦。

換句話說，教會方面會判斷當地人民的信仰狀況和資產，再決定哪一種作法比較合理。

〔經濟學家打斷：〕

「那假如是毫無信仰的地方呢？」

如果某個地方的居民完全不相信教會詛咒的力量，教會當然就沒辦法舉行害蟲審判了。

「為什麼沒辦法？」

　　如果人們絲毫不相信教會的超自然制裁，就不會認為這能解決病蟲害的問題，所以打從一開始就不會想打官司。

　　在信仰夠堅定的地方舉行害蟲審判並不划算，而信仰薄弱的地方又不可行，這限制了教會的選項：唯有在信仰足夠使人們控告害蟲，但無法讓他們乖乖繳稅的地方，害蟲審判才有利可圖。

〔*經濟學家舉起手。*〕

還有問題嗎？

「這個故事也很精采啊，不過證據呢？」

要怎麼樣的證據才能讓你相信這些「精彩故事」是真的？

「什一稅的稅收。如果你是對的，受到異教徒影響的社區稅收應該會減少，而教會也會進行害蟲審判。一旦審判過後，稅收就會回升。」

　　你說得對。但我沒有現代早期法國、義大利、瑞士的稅收數據，資訊的量太少，更不可能看出害蟲審判前後的變化。在很多案例中，甚至連害蟲審判的確切年份都不得而知，只知道大概是在世紀的前半葉或……

「哈！你承認了！你沒有證據，而且……」

別那麼性急，史巴克。你以自己身為聰明的科學家為傲，想必能找出一些方法驗證我的論點吧？一些不需要稅收數據的方法。

「好吧，這個作法怎樣？害蟲審判應該會集中在法國、義大利和瑞士境內異教徒人口較多的地方，因為那些地方的稅收會受到威脅。你知道的，你剛才說的瓦什麼派的異教徒。」

太棒了！我確實用過你這個驗證方法。請大家看看右邊的這張地圖吧！

〔安妮雅發問。〕

「那是什麼？」

那個，安妮雅，是一張呈現了現代早期的歐洲，害蟲審判密集區域和異教徒分布區域的地圖。

〔留著絡腮鬍的肥胖團員喊道。〕

「兩個看起來是重疊的！」

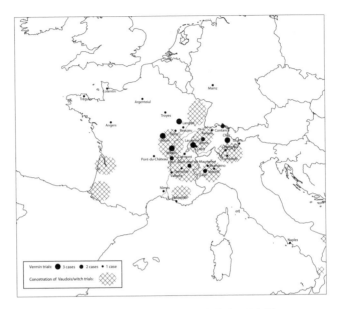

1450 年至 1700 年間，害蟲審判和異教徒的地理分布圖。

　　的確是，狡猾飛天德＊ 25 。請聽我進一步說明。這張地圖反映
了四十六起害蟲鼠輩的審判，從 1451 年瑞士伯恩的居民控告田鼠
開始，到大約 1680 年瑞士庫爾和德國康斯坦斯的居民控告蚯蚓 55
為止。不過我沒有加入西班牙某地的一次田鼠審判，雖然我懷疑西
班牙北方，接近法國西南邊界的地點，但我沒辦法肯定。這些資料
都來自愛德華・佩森・伊凡斯（*Edward Payson Evans*）的著作《對
於動物的刑事檢控和死刑宣判》（*The Criminal Prosecution and
Capital Punishment of Animals*）56 。

　　　　地圖上每個圈都代表發生過至少一場害蟲審判的地點，最大的圈代表當地的教會進行過三場，第二大的代表兩場，最小的則是一場。斜線區塊則是已知瓦勒度教徒分布較集中的區域，以及 1450 年到 1700 年女巫審判盛行的地點 57。前者包含法國的多菲和普羅旺斯，以及義大利的皮埃蒙特、普利亞和卡拉布里亞 58；後者則是同時期出現超過十二次女巫審判的地區，包含法國勃根地南部、大部分的隆河阿爾卑斯山省、洛林東部、亞吉丹省西北部和南部、義大利的倫巴底、瑞士的伯恩、沃州、琉森和納沙泰爾。女巫審判的資料來自同輩學者馬克・卡爾森（*Marc Carlson*） 59。

〔*經濟學家打岔。*〕

「女巫審判盛行的地方又怎麼了？我以為我們要找的是瓦勒度人！」

　　很顯然，在我說這段「靠！什麼鬼？！」的歷史時，史巴克又神遊了。誰能解釋給他聽，為什麼女巫審判盛行的地方也能代表異教徒，特別是瓦勒度教徒聚集？

〔安妮雅舉起手。〕

「瓦勒度人被認為是女巫！」

沒錯。「被大眾公認和女巫畫上等號」對瓦勒度教徒來說很不幸 60，對我們來說卻是好事。當時的人認定女巫的本質是異教徒，所以將她們和異教徒一起審判 61。因此，除了已知受到瓦勒度教派影響深遠的區域，我也能用女巫審判頻繁的地區代表異教徒的勢力，特別是宗教改革前的瓦勒度教派勢力。

無可否認，我的地圖驗證法稍嫌粗糙，兩種審判的樣本數都太少（肯定小於實際的數字），而女巫審判盛行的地區也只能用現有的紀錄判定，除了已知的時期與國家，但不知道確切城市的案例 62。因此，如果要用這張地圖的歷史資料來做分析，詮釋起來必須格外謹慎。

除此之外，雖然法國、義大利和瑞士的教會通常將瓦勒度教派、女巫和異教徒連結，這不代表所有女巫審判的被告都是真的瓦勒度教徒，甚至可能很大一部分都不是。雖然瓦勒度教派影響深遠，但他們不是早期現代歐洲唯一的異教徒。「女巫」可能是瓦勒度教徒、其他異教徒、有巫術嫌疑的一般人，或只是官方不信任的人。

不過重要的是，這些審判提供了資訊，讓我們知道教會對於異教徒的看法：他們的活動會威脅人們對教會神聖權威的信仰。即便女巫審判的準確性不高，但畢竟「巫術大都出現在異端盛行的時間地點」，我們可以合理推斷，在我地圖上的斜線部分，確實代表異

教徒集中的區域 63。

　　就像狡猾飛天德剛才說的，害蟲審判和
異教徒審判顯然在「時間和地點上呈現關聯性
64」，模式大概是這樣的：異端思想盛行的地
方，人民對於教會神聖權威的信仰衰退，導致
稅收狀況惡化，於是教會轉而進行害蟲審判。
害蟲審判集中在三個主要的區域：法國東部
（以索恩河到隆河為軸心）、義大利北部（皮
埃蒙特區域），以及瑞士西部（由汝拉地區一
路延伸到法國東部）。這些區域也是瓦勒度教
派和女巫審判盛行的地區。

　　不過這個模式並不完美。法國西南部的亞
吉丹海岸出現大量女巫審判，附近卻沒有任何
害蟲審判。當然，如果我們能精確地把西班牙
的田鼠案定位在附近，或許就能符合上面的模
式，但誠如我稍早說的，我們沒辦法肯定。在
法國北部，也有些區域充斥著害蟲審判，女巫
審判的數量卻不足以被劃分為斜線區。

　　雖然有這些例外，但假如瓦勒度教派和女
巫審判能反映出地方教會對異教徒的憂慮，那
麼也就能解釋為什麼要舉行這麼多害蟲審判來
應對了。即便驗證的方式顯得粗糙，但結果卻
相當……

〔身材結實、打了很多洞的男士喊道：〕

「那法國西南部一大片沒有害蟲審判的地區是怎麼回事？」

　　卡諾夫先生，我想你指的是被稱為「新教新月帶」（*Protestant crescent*）的地區，從大西洋海岸的拉羅雪爾一路延伸到東方的格勒諾布爾，大約從 1550 年開始至法國宗教戰爭結束，都是新教的大本營。新月帶包含了朗格多克等區域，人們從 1560 年代開始就直接拒絕向教會繳稅 65。十六世紀下半葉以後的害蟲審判中，沒有一場是發生在明顯屬於新教領域的地方，只有兩場是在新月帶的東側邊界：一場是 1585 年的瓦倫斯，另一場則是 1587 年的聖讓德莫里耶訥，這兩個區域的胡格諾* 26 派勢力都相較微弱 66。

　　新教新月帶代表的，是對教會超自然制裁的信仰太過薄弱的地區，人們不會想找教會幫忙解決害蟲的問題。事實上，胡格諾派的信徒正是在十六世紀下半葉，在這個地方建立起米地聯合省會（*United Provinces of the Midi*，類似國中之國的概念）。拒繳什一稅的行為也進一步證明當地人民對教會權威的無視。如果信仰已經薄弱到公開拒絕繳稅，那麼教會也只能束手無策了。人們不願意上教會法庭打官司，教會就無法在當地進行害蟲審判 67。

　　這張地圖上害蟲審判的分布和我「精彩的故事」一致，對吧，史巴克？這也說明了為什麼審判發生在現代初期世界最進步的地方，而不是最落後的。發生最多審判的國家是法國，套用一句歷史學家的話，是「歐洲最有錢、人口最密集的地方，政治也最穩定

統一。68」同時，法國也是害蟲審判黃金時期69，歐洲最強盛的國家。因此，原始和落後都不會是審判發生的理由，而是異教徒的活動和什一稅的逃稅。

同樣的道理也能說明，為何即使在法國內部，害蟲審判也大都分布在都市區域。大型的城鎮和都市是法國東部的特徵，但異教徒也是70。因此，當地教會進行害蟲審判的頻率比較高。

在義大利和瑞士也一樣，害蟲審判密集區的教會並不比歐洲別地方的教會更瘋狂，而是當地的人民比較容易接觸到威脅稅收的異端思想。

〔經濟學家說道：〕

「還不差嘛！但假如你有關於害蟲審判和女巫審判時間的資料，而後者又如你宣稱的那樣反映出異教徒的影響，我們應該能看出兩者的關係。我的意思是，假如教會在異教徒影響較強的時候進行害蟲審判，而女巫審判能評量異教徒影響的強度，那害蟲審判和女巫審判盛行的時間點應該會相同。相關的資料是怎麼說的？」

*
26.
Huguenot，又譯雨格諾派、休京諾派，是十六、十七世紀法國新教的一支。

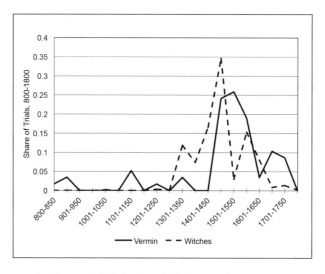

800 年到 1800 年害蟲審判和異教徒的時間分布圖。

　　請大家到展覽室的另一端，你會在牆上看到一張圖表。

　　這張圖表列舉了 800 年到 1800 年間的害蟲審判和女巫審判，
前者有六十二場，後者一共五百七十二場；以每五十年為間隔，統
計每半個世紀的害蟲和女巫審判數量，並計算個別在一千年的總數
中所占的比例。不過和地圖一樣，這張圖表也略嫌粗糙，有許多害
蟲審判的資料不夠精確，雖然知道在哪個世紀發生，卻不知道屬於
上半葉或下半葉 71。

　　圖表中女巫審判的資料涵蓋法國、義大利和瑞士，雖然我蒐集
到的害蟲審判紀錄大部分也都在這些國家，但有些例外。有兩場在

德國的康斯坦斯，就在和瑞士接壤的區域，所以還能合理歸類為瑞士的案例；然而，有三場審判卻完全落在法國、義大利和瑞士的範圍之外。其中有一場在德國的美因茨，並不是邊境城市；第二場我剛才提過，在西班牙；第三場則位於丹麥的阿爾斯島。因此，雖然女巫審判和害蟲審判的資料重疊性很高，但並非無懈可擊。

　　然而，我們已經有足夠的資訊，能概略掌握該時期害蟲審判和女巫審判的關係，也能因此得知教會對異教徒活動的觀點。

〔有絡腮鬍的壯漢大叫：〕

「那些線條會同時移動！」

　　又說對了！在女巫審判較多的時期，教會也會增加害蟲審判。在 800 年到 1800 年間，有五成的害蟲審判發生在 1400 年到 1550 年間，而在這一個半世紀的女巫審判，則占了全部的百分之五十四。

　　一直到十五世紀上半葉，瓦勒度教派大幅成長，害蟲審判和女巫審判才進入全盛期。在

1400 年和 1450 年間，沒有任何害蟲審判，女巫審判也僅占全部的百分之十七。然而，在十五世紀下半葉，害蟲審判的數量是全部的第二高，女巫審判則是第一，分別是二成四和三成五。

接下來的五十年裡，害蟲審判達到新高（二成五），但女巫審判的數量卻很少。再想想我提到的模式，可以推斷害蟲審判是異端的「滯後指標」，兩者的移動方向一致，但前者稍微落後一些。這也符合教會在異教徒活動上升後，用害蟲審判來加強人民信仰的假設。

1550 年和 1600 年間，有百分之十九的害蟲審判和百分之十五的女巫審判，而兩者都在這段期間後下滑。雖然害蟲審判在十七世紀下半葉復興，但已經完全比不上 1450 年到 1550 年的盛況。而十七世紀下半葉之後，兩種審判都幾乎銷聲匿跡。

十六世紀下半葉，瓦勒度教派雖然和喀爾文主義的改革者合併，但一直到十七世紀以前，都還是皮埃蒙特地區的重要獨立群體。因此，十七世紀的九場害蟲審判，有五場在義大利，似乎也不太令人意外了。

十七世紀尾聲，薩伏依公爵兼皮埃蒙特王子維托里奧‧阿梅迪奧二世（Vittorio Amedeo II）正式給予瓦勒度教派合法的地位。這個決定發生在 1690 年，就在阿梅迪奧試圖將瓦勒度教徒從自己的領土永久驅逐之後。因此，正如諸位所猜測，十七世紀結束時，害蟲審判也真正成了絕響。

圖表裡害蟲審判的時間點證明了我的論點，解釋了為什麼和大多數人的預期相反，害蟲審判盛行於歷史學家稱為「法國繁榮興

盛」的時代，而不是貧窮、混亂、衰敗、瘟疫
肆虐的十四世紀中期 72。害蟲審判反映的不是
經濟動盪或文藝復興的反動，而是教會面對人
民信仰動搖，不願繳稅的解決方式。

　　從神判法到神諭，各位應該已經知道，雖
然看似毫無道理，但制度化的迷信能誘使人們
展現出符合社會期待的行為。現在，又多了害
蟲審判的佐證。我們也看到表面上荒誕的制度
（例如**羅姆尼亞**和僧侶的詛咒），如何藉此達
到目的，害蟲審判也是同樣的道理，但卻有個
獨特之處：如何用毫無道理的制度，來**創造**對
超自然制裁更堅定的信仰，提升制裁的功效。
荒謬無理再加上荒謬無理，其實還挺有道理的
吧？

　　害蟲審判的故事就說到這兒，但我還有個
「靠！什麼鬼？！」的習俗想和各位分享。在
導覽的最後一站，我們要回到黑暗時代，離開
大陸到島嶼上。

　　〔*長得像珍尼恩・加羅法洛的女士興奮地喊
道。*〕

「我們要去夏威夷？我對生態之旅非常感

興趣。啊，大自然，不受軍事工業複合體的汙染……」

　　不是那個島，我們要去的是大不列顛，更精確來說，就是英格蘭。請跟著我走。

TOUR STOP

8

FIGHTING SOLVES
EVERYTHING

打架能解決一切

————

　　我念小學時，必勝客這偉大油膩的大善人和我的母校賽伯特小學合作，設法賄賂孩子們……閱讀。

　　活動的設計很簡單，學校會在每個年級舉辦必勝客贊助的比賽1，老師們將年級中閱讀能力相近的學生分組，每個組別能證明自己在一年間讀最多書的人，就能贏得必勝客的獨享披薩。

　　不知道各位有沒有看過必勝客的獨享披薩，它的尺寸可能只比光碟片大一點而已，配歐洲餐廳提供的小杯水就差不多了。

　　各位去過密西根州的米德蘭市嗎？那是我長大的地方。我可以告訴各位，我們對披薩很熱衷，吃必勝客的披薩就像搭自小客車一樣平常。

　　最後，不知道各位有沒有吃過必勝客的披薩，那實在稱不上精緻，似乎只有兩種原料：油脂和某種鹹鹹的黏著劑，把油脂固定成一團。

　　所以，你很可能會以為，這樣的比賽激不起賽伯特小學生絲毫的興趣。但，老天啊，你們大錯特錯了。

　　當校長宣布必勝客挑戰時，我們的反應像是他宣布閱讀比賽的

獲勝者可以贏得雙倍的暑假，一輩子都不用再寫功課一樣。

　　一時之間，所有討厭看書的小孩都利用下課時間閱讀，連回家後和搭公車時也不放過。大家都搶著去圖書館，館員崔勒太太本來是大家最不喜歡的行政人員，一夕之間卻搖身一變成了超級巨星。在這陣閱讀的狂潮中，我的手第一次被紙張割傷。整個學校彷彿成了讀書人的瘋人院，一切都只為了一個三口就能吃完的蹩腳披薩。

　　我的小組最後的勝利者是個名叫伊芙的女生，她的閱讀量實在天理不容，雖然不記得到底多少頁了，但肯定遠遠超越所有人。

　　當然，輸掉「閱讀之戰」讓我很失望。但我也記得，即便在那個時候，我認為伊芙獲勝理所當然。伊芙對披薩瘋狂熱愛，她最喜歡的披薩又是必勝客。如果有人比我更想要獨享餐，那一定是她，這反映在她對閱讀付出的努力，遠超過我和其他同學。每個人都想要披薩，每個人都讀了很多，但伊芙比誰都想要，所以花了比任何人都多的時間閱讀。閱讀之戰的結果在經濟學上很合理：把披薩分派給最珍視它的學生。

　　之所以會如此，是因為比賽就像一場拍賣會，學生用他們閱讀的時間和努力來「競標」免費的披薩，我們都沒有錢，所以時間和努力似乎是很合理的代替品。誰下標的額度最高，誰就能獲勝。

　　很多類型的競爭其實都是某種形式的競標拍賣，而反之亦然。舉例來說，如果你到藝術拍賣會競標一幅畫，等於是參與了和其他出價者的「競爭」。競爭的獲勝者，也就是出價最高的人，就能將獎品抱回家，但也得付出相應的代價。因此獲勝者有很高的機率是最喜歡那幅畫作的人，那幅畫轉移到她手中是相當「符合效益」的。

〔身上穿洞的壯男興奮地喊著：〕

「我喜歡競爭！我現在就可以和在場任何人打上一場！」

〔掃視團員們，注意到戴著玻璃義眼的紳士。〕

「嘿，玻璃眼？你想打嗎？」

先生，這趟導覽裡不會發生任何鬥毆事件喔。

〔玻璃眼的紳士看來明顯鬆了一口氣：〕

「謝天謝地！我真希望不會有！我沒辦法……」

最好把挑釁都留到導覽之後，你可以用後
面的停車場，空間挺大的，光線又好，還有各
種能當武器的東西。

〔玻璃眼的紳士說：〕

「什麼？不！我不會和任何人打……」

〔穿洞的壯男威脅地指著他：〕

「停車場，就這麼決定了，到時候見。」

就這麼決定了，「卡諾夫」對戰「敲擊者」，
一小時。剛剛說到哪了……啊，是的，我正準
備要告訴你們最後的「靠！什麼鬼？!」習俗。多
虧了權力遊戲，或許有些人已經聽過類似的事。

在你們眼前的是巴卡勒斯・肯努特斯
（*baculus cornutus*）：聽起來很像某種病毒，
但如你們所見，這是個木槌。在英國，法定代
理人會用它們互相攻擊，來解決財產的爭議。
這就是「決鬥審判」這種習俗的名稱來源，或
是借用權力遊戲裡的說法，「比武審判」2。

現代的法庭交鋒雖然也充滿尖酸和敵意，

但卻沒有實際的打鬥。兩造不會用木棒來解決衝突，雙方的律師也不會打個你死我活。然而，並非自古以來皆是如此。有超過一個世紀的時間，英國的司法體系解決土地糾紛的方法，就是命令雙方的法定代理人（他們被稱為「鬥士」，可說名符其實）在公民的見證下，在競技場上棒打對方。獲勝的鬥士為雇主贏得土地的所有權，而戰敗者則相當於打輸官司，慘一點的可能甚至連命都丟了。

　　日耳曼人入侵後將決鬥審判的制度帶進英國 3，一直到 1179 年之前，都是法定解決土地糾紛的方法，在那之後則較少施行，到十三世紀結束時才算消失 4。在這段時期，如果有人想挑戰另一個人的土地所有權，就會採取稱為「權利令狀」的法律行動 5。原告被稱為「提出要求者（demandant）」，被告則稱為「承租人（tenant）」。原告會要求皇室下達令，要被告出庭維護自己的財產 6。

　　要讓案子順利成立，原告就得提出表面上正當且理由充分的主張，否則無法確保皇室會如他所願發出令狀。他得提出證據來支持他的主張，例如顯示他和爭議土地有關聯的合約紀錄，若有證人能發誓證明他和爭議土地的關係，也會很有幫助。事實上，法院會要求原告提出這樣的證人，否則就能拒絕受理。這些「審查機制」能預防詐欺誣告的案子成立，但成效不彰。

　　理想上，司法系統會希望將爭議的財產判給真正的擁有者。不幸的是，能幫助法官判斷的證據通常少之又少。事實上，他們得到的證據通常對雙方的主張都有差不多的效力，所以沒什麼幫助。

　　面對這樣的考驗，盎格魯日耳曼的法官採取了任何尊貴的司法官員都會做的行動：透過比武審判，假借神的旨意來決定爭議財產真正的所有人。他們的理由是，上帝會支持義人，所以在肢體對決中幫助他。

　　原告會在法庭上做出陳述，表達會用鬥士的肉身來證明自己對爭議土地的所有權[7]。下面是 1198 年一位原告的陳述內容：

　　威廉之子馬修想控告維赫特萊的拉菲爾和他的妻子貝翠斯，侵占他在艾倫索普的森林地和其他土地，這本是原告妻子艾瑪的財產和嫁妝，因此前述之原告應當合法持有其權利，在亨利王的期間享有森林木材和放牧豬隻的收益。原告願意透過市民烏特林來證明，若法院能如此判定。若烏特林遭遇不測，則由其他人代替 8。

被告則否認原告的主張，提出自己的鬥士作為證據：

　　拉菲爾和貝翠斯出庭並否認前述馬修的主張和合法權利，透過他們的代表——弗洛柯頓的修，他願意用身體來否定對方，或有其他人願意如此 9。

假如法庭無法判定哪一方是對的，就會「判定應該進行戰鬥」，由雙方的鬥士來進行：

　　修（被告方）願意為他的主人拉菲爾和培因之子羅伯作證，而烏特林則代表威廉之子馬修和可弗的羅伯特。宣判的日期已經決定，將彰顯正義 10。

　　理論上，法律規定原告的鬥士必須是能證明其土地權利的證人，且主張他見證原告祖先的合法權利。又或者，他可以宣告他過世的父親是見證人，並指示他維護原告的權利。

　　然而，實務上來說，法律會允許原告雇用
鬥士，也會如此允許被告 11。被告可以用對方
被收買為理由來反對原告的鬥士，但「人們太
常雇用職業鬥士，所以法官幾乎不會理會這種
反對 12。」

　　在指定的日期，鬥士會來到指定的競技
場，並宣示守護其雇主的正當性 13。十一和
十二世紀的競技場都是臨時湊合，而後的則是
專門為此目的而搭建。根據十六世紀的紀錄，
競技場是「平坦而地勢略高的土地，正方形，
東、西、南、北四面都是六十英尺，在場外和
場內的高處都會為法庭長準備座位，會裝配和
西敏寺廳一樣的家具，也會為法官和高級律師
準備吧台 14。」

　　在戰鬥開始之前，主審法官會宣告禁止觀
眾干預。某次決鬥前發布的禁令，讓人聯想到
緊張盛大的網球比賽：

　　　　法官宣布，以女王之名，無論身
　　　分、地位或處境，沒有人能提供任何
　　　物品或提示給證明者或辯護者，無論
　　　是表情、演說或言語，以免一方占另
　　　一方便宜；沒有人可以移動，要留在

原位；每個人要保管好自己的棍棒和武器，不能交給前述的
證明者或辯護者持有，讓他們處在較有利的情勢，免於面對
土地、房屋、貨品、動產被沒收，或是肉身被監禁的痛苦，
或必須向女王繳付罰款 15。

　　原告的鬥士有兩種贏得審判的方法：殺死對手，或是逼對方求
饒，這被視為示弱的表現。而被告的鬥士則還有第三種獲勝手段：
維持平手，撐到日落時分。但戰鬥通常中午前就開始，要撐那麼久
可說相當困難。

　　獲勝的鬥士能為雇主贏得爭議的財產權。審判結束時，法院會
將有爭議的土地判給獲勝方所有，並公開宣告其擁有有效的所有權：

　　　郡法官，日安。我命令你將「對土地的形容」所有權交
　給某甲，不得延誤。此土地係某甲與某乙在我的法庭上訴訟
　爭奪，而在法庭的戰鬥中判決給某甲 16。

　　被打敗的鬥士就沒這麼幸運了，假如他活下來，必須因為作偽
證得付三英鎊的罰款，而且會「失去法律」：他將永遠不得在其他
法律爭議中作證 17。

〔經濟學家舉手。〕

史巴克，你在專心聽呢！我很欣慰……

「我不相信！」

你不相信什麼？我到目前除了史實之外，什麼也沒說呢。這就是為什麼我很驚訝你在聽……

「我知道你接下來要說什麼，而那一點道理也沒有。」

我接下來要說，但是還沒說的內容裡，有哪些你已經不認同了？

「你首先告訴我們拍賣會就像爭鬥，所以你接著要說這些戰鬥審判其實也只是競標拍賣，法官如果不確定土地真正的所有人，就用這個來將有爭議的土地判給最珍視它的人？」

你說對了，這是我接著要說的。當證據不足以讓盎格魯日耳曼法官判斷爭議土地真正的擁有者時，他們就會作第二好的選擇：把土地權利判給比較珍視的那一方，但是……

「但是那一點道理也沒有，因為高斯定

理。」

　　還有人記得高斯定理是什麼嗎？我們這位經濟學家朋友在妻子拍賣的地方第一次提起，我們就討論了一下。史巴克，喚醒大家的記憶吧？

　　「高斯定理認為，如果交易的代價很低，那麼人們的交易會將財產所有權轉移到最珍視的人手中。這告訴我們，應該不需要透過法官的判定，才能把土地交給最珍視的人。如果法官把地判給比較不珍視的人，那麼另一方只要事後再向他購買就可以了。無論如何，最珍視的人最後都會得到土地，結果會是有效率的。你的故事並不成立。」

　　誰還記得史巴克上次根據高斯定理，宣稱我的故事無法成立，之後發生了什麼事？

　　〔神父舉起手。〕

　　說吧，神父。

　　〔邪惡地一笑。〕

　　「他看起來像個天殺的蠢蛋。」

歷史總是會重演。

史巴克有一部分是對的，法官的確不用擔心怎麼把土地所有權交給最珍視的一方，但**前提是交易的代價或成本很低**。然而，有時並非如此。談判交易需要時間、力氣和資源，甚至可能會相當昂貴。而一旦超過某個限度，財產權就會變得有點黏性，通常會留在第一個染指的人手中，因為交易的成本太高，不會再轉賣給其他人。

在這種情況下，如果法官對爭議土地的所有權判決「不正確」，換句話說，就是判給比較不珍視的人，那麼土地很可能會一直留在他手中。交易的成本越高，法官就越是需要做出「正確」的判決。而日耳曼英格蘭的交易成本相當高昂，所以盎格魯日耳曼司法機構的目標就是正確判決，於是有了決鬥審判 18。

〔神父舉起手。〕

神父先生？

「為什麼要在日耳曼英格蘭交易土地會這麼困難？為什麼土地的所有權會像你說的那麼

黏人？」

　　因為封建主義 19。封建制度由佃農（擁有別人給予的土地）和地主（將土地給予別人）組成。為了交換土地，佃農必須為地主效力，可能是軍事、農業或其他方面。除了國王（單純的地主）和最低階的佃農（單純的佃戶）之外，系統裡每個人都是某些地主的佃戶，也是某些佃戶的地主，彼此間有錯綜複雜的土地與服務關係。

　　這樣的安排看起來不錯，但會有些問題，其中最主要的：某人對土地的使用可能會對和他在封建網絡中連結的人，造成負面的影響或損害。而最大的爭議來源就是土地讓渡，也就是拍賣。

　　土地拍賣可能有兩種形式：「替代」會讓封建網絡中的某條連結被取代，而「分賜采邑（或分封）」則會創造新的連結 20。替代土地的佃戶把自己在封建網絡中的位置賣出，包含權益（土地使用）和義務（例如地主需要的服務）。這就像是把套房賣出去時，也把屋主的關係網絡一起售出。地主會失去一位佃戶，也就是拍賣者，而由新的佃戶（購買者）取而代之。

　　相對的，把自己的土地分封出去的人，則是把部分（或全部）的土地賣給買家，自己卻還保持原本領主佃農的身分。這就有點像把公寓分租出去，賣方成為買方的地主，買方則成為原領主的轉租人。

　　兩種方式的土地讓渡都會威脅到和土地拍賣者在封建制度中有關者的權益：他們的繼承人和領主。繼承人在此的利益問題很簡單，分封會使他們失去部分的繼承，而替代則是全部的。然而，領主的利益就分成了許多面向。舉例來說，如果買者的能力不及賣方，或

是不夠可靠，領主可能就得不到應有的服務，在分封的情況中是間接的，替代時則是直接的。

歸還也是個問題：在特定的情況下，如果佃戶死亡或依法判定不適任時，領主會擁有佃戶土地的所有權。假設有位沒有子嗣的佃戶把土地用分封的方式賣出，每年換取一些花生，當佃戶死去以後，領主或許只能得到一堆花生，而不是他的土地。或是有位年邁的佃戶在行將就木時，將土地以替代的方式賣給一位年輕壯丁，那麼地主就不只是等幾個月，而得等上好幾十年才能拿回自己的土地了。

對領主來說更大的問題，卻是佃戶有可能把土地贈予宗教機構，例如教堂或修道院。教堂和修道院通常都是藉由別人的「施捨」才擁有土地，而它們唯一能提供的服務是性靈層面的，例如為贈予者祝福。而領主本來可以從那塊地上得到的物質服務？沒了。幸運的話，他還能得到幾句禱告。

為了避免土地賣家繼承人或領主的權益受到損害，日耳曼英格蘭發展出一套習俗，有些地區則具有法律效力，要求佃戶在讓渡土地之前，最好要取得繼承人和領主的同意 21。

　　渡讓的限制富有彈性。假如賣方的利益和領主與繼承人相符，通常就不需要有明確的同意；然而，假如佃戶想把土地贈與教會，就一定要取得同意，而他的領主有權否定這次讓渡 22。你或許記得，我在提到法蘭西平民贈予教會土地時，就有提過這樣的同意法則，而且僧侶會在地契上加入詛咒條款來加以保護。

　　規範土地拍賣的同意法則會保護繼承人和領主，但卻有個不幸的副作用：大幅提升土地交易的成本，讓土地難以轉移。想要販賣土地的佃戶可能必須和許多人協商，取得他們的同意，例如繼承人、領主，甚至是領主的領主。「土地交易需取得多方同意，而標準和利益皆不同，將會延緩土地發揮經濟效益的使用 23。」這讓盎格魯日耳曼的土地所有權變得很黏人。

　　一旦土地所有權難以易手，法官就要特別注意，將所有權未知的土地交給最珍視的人。但問題是，要怎麼知道是哪一方呢？

　　問題的解答就是決鬥審判。認真說起來，決鬥審判就是對爭議土地的「暴力競標」。兩造對土地出價的方式，是花錢雇用鬥士，代表他們為土地而戰鬥（字面上的意思）。比較珍視這塊土地的人就會砸下比較多錢，而比較可能得到土地，畢竟較高的價位就能雇用較好的鬥士。

　　頂尖的鬥士會因為競技場上的技巧而聲名遠播。舉例來說，克普蘭的威廉從約克夏到薩默塞特無人不知，無人不曉。「光是看到他出場，就足以嚇跑任何想要挑戰他的佃戶。24」或是克勒普頓的羅伯特，他和克普蘭的威廉屬於同一個時期，同樣也是十三世紀早期「炙手可熱的鬥士 25」。

　　因為很搶手，優秀的鬥士價碼都比較高。
舉例來說，格拉斯頓伯里的修道院長花了二十
英鎊，雇用十三世紀的鬥士弗恩堡的亨利來代
表他為爭議的土地而戰。鬥士的合約寫明，如
果戰鬥成立，他就能獲得部分款項，戰鬥前則
拿到另一部分，如果打倒對手，則可以拿到剩
下的錢。而另一位明顯比較弱的鬥士是斯摩里
爾的約翰，只拿到不到一半的價碼，就同意代
表威廉・亨頓出場打鬥 26。

　　和中世紀的土地市場相反，鬥士的市場流
動性很高。賣土地需要許多人的同意，但雇用
鬥士不需要任何人的同意。因此，鬥士通常會
欣然「叛逃向另一方，只要誘因夠高」，很輕
易地為出價最高的那方效力 27。

　　雇用一位最頂尖的鬥士並不是兩造為爭
議土地下標的唯一方式，他們也可以雇用一位
以上。當然，真正出場決鬥的只有一位，但如
果買下其他優秀的鬥士，就能讓對方的選擇變
少，只剩下比較不理想的選項。

　　舉例來說，1220 年有位名叫克里夫登的
原告，向另名叫肯恩的被告挑戰對某片土地的
所有權。肯恩的回應則是雇用了四位鬥士，其
中一位正是讓人聞風色變的克普蘭的威廉。另

一個類似的例子則是莫城的修道院長和約克聖瑪莉修道院長爭取捕魚的權利，莫城方「砸重本」雇用了七位鬥士 28，目標是「壟斷專業鬥士的市場」，「迫使另一位院長只能雇用二流的鬥士 29。」

美國隊長先生舉手了，如果你保證嘴裡沒有嚼菸草，先生，我就讓你提問。

「我聽不懂這種怪怪的法律戰鬥，到底要怎樣把土地判給最想要它的一方，可以再解釋一次嗎？* 27」

或許再舉個例子會對你有幫助。想像一下，有兩位中世紀的英國人，叫做尤斯塔斯和奧斯伯特。尤斯塔斯到皇家法庭前，宣稱奧斯伯特所占有的農地是他的。奧斯伯特否認他的主張，雙方都願意用鬥士來證明他們的所有權。土地所有權很難轉手，因為交易的成本太高，因此，法院將土地判給哪一方，那一方就會是永久所有人了。法院不知道土地真正的所有人是誰，於是下令進行決鬥審判。

兩位待價而沽的鬥士是：弗恩堡和斯摩里爾。弗恩堡是出了名的頂尖鬥士，而斯摩里爾則否，兩位鬥士都會為出價較高的人效力。

身為農夫，尤斯塔斯的產值比奧斯伯特更高，他可以從土地上賺到更多錢，所以他更珍視土地，因此，願意花更多錢購買弗恩堡的服務。他雇用了弗恩堡，讓奧斯伯特只能選擇斯摩里爾。決鬥的勝利者極有可能是弗恩堡，如果沒有意外，尤斯塔斯會贏得土地的所有權。

決鬥審判代表的是暴力的競標，能判定哪一方比較珍視爭議的

土地，因此能獲得所有權。在土地轉移困難的地方，這取代了高斯定理來達到目標。

〔嚼菸草的團員說道：〕

「我瞭了！就像老媽那時候被狗咬，我們威脅要告那個惡棍狗主人。老媽不想威脅他，但我說：『媽，有需要的話我們就要花更多錢來告，才比較可能告贏！』我都準備好有需要的話，要把最好的槍通通給賣掉。」

呃……我想就像那樣沒錯……就像傑德·克蘭佩特*[28] 會做的那樣……

美國隊長說要賣掉軍火，讓我想到一件事：每位拍賣會競標者的出發點可能有所不同，有人的口袋或銀行裡錢比較多，會使得拍賣結果無法精確反應出他們對於土地的珍視程度。假如你在拍賣網站上看到一綹小賈斯汀的頭髮，而你是他的粉絲，覺得那值一萬美元，但你只有五十元。本來沒錢或許無妨，但這時殺進來一個半吊子的歌迷，覺得頭髮只值五千美元，但他卻能在競標中擊敗你。你比較珍視那些頭髮，但他卻買走了，這種結果真是太虛

27.
原文為顯示此人的水平，有用字或文法上的錯誤和口語用法，並且因為咀嚼菸草而含糊。

28.
Jed Clampett 是美國情境喜劇中住在山裡的貧窮鰥夫，代表「住在山裡貧窮沒水準的白人老粗」的刻板印象。

「賈」了！

　　信貸市場讓競標者能用別人的資金下標，或許能幫忙解決這個問題。中世紀的信貸市場沒有現代那麼健全，我們也無法確定他們到底會不會貸款給想雇用鬥士來打官司的人。然而，至少就理論上來說，比較珍視土地但卻沒有錢的一方可以貸款，而且或許比你借四千九百五十元買小賈斯汀的頭髮還要容易 30。

　　在決鬥審判的暴力競標中，還有第二個因素或許能幫助預防因為財產或信貸能力的不同，而影響到下標的情況。在日耳曼英格蘭的司法系統中，「如果雙方的地位相差懸殊，似乎就會被禁止進行決鬥 31。」地位相近的人比較可能會有類似的財力，和信貸的能力。

〔安妮亞舉手。〕

安妮亞，請說？

　　「我明白為什麼司法系統要用這樣的競標，來確保爭議的土地會交到最珍視的人手中，因為封建制度讓兩造沒辦法自由交易土地，所以法官得判斷誰比較珍視土地。而透過你說的決鬥審判這種暴力競標，法官就能做出決定。但我不明白為什麼司法系統一定要用暴力競標，我的意思是，為什麼不用普通的方式來競標爭議土地就好，你知道的，就像是妻子拍賣那樣？那不會更好嗎？」

　　這個問題太棒了，我想史巴克一定很嘔自己沒想到這點。若要

回答這個問題，可以先想想「無理的訴訟」這個概念。這類的訴訟不是為了保護原告認為屬於自己所有的財產，而是要向實際上並無所有權的擁有者進行勒索 32。

無理的訴訟可能會是個大問題：害怕被胡亂控告勒索的人會不願意投資土地，而讓他們更容易成為勒索的對象。他們會在土地上種植較少的作物，不興建房舍等等，讓土地對任何人都比較沒價值。

而這類土地爭議的無理訴訟最大的原因，就是兩造所支付的競標金額。總會有人拿到這筆錢，而在決鬥審判的暴力競標裡，拿到錢的是鬥士。在一般的拍賣會裡，這些錢可能會交給司法系統（法官或國王），或支付輸的一方一些補償金。既然只要有土地的爭議，收到競標款項的人就有錢入袋，他們自然有動機來發起或參與無理的訴訟。

舉例來說，在決鬥審判中，實力較強的鬥士或許會鼓吹道德低落的原告提起無理訴訟，希望被告願意付錢來擺平和解。在一般的競標裡，如果收款的是法官，或許就會無視原告缺乏讓案子成立的證據，讓競標拍賣順利進行。而假如收款者是打輸官司的一方，那麼只要能

提出證人、假造合約，任何人都能無憑無據地威脅地主，反正打贏了能得到土地，打輸了就拿到錢。

很顯然，無論收款的人是誰，只要越容易拿到錢，他們就越有誘因提出無理的財產訴訟，因而造成更多虛假的控告。決鬥審判很重要的一個特色，就是暴力競標的過程對收受競標款項的人較為殘酷，但和一般的競標拍賣相比，可以減少虛假控告的機率 33。

如各位所見，沒有任何拍賣會是生而平等的。在一般的競標拍賣會裡，或是史巴克說成「首價增價競標拍賣」，競標雙方會輪流出價，直到一方達到上限，退出競爭。而獎勵會由留下的一方獲得，也就是比較珍視，願意付出較高金額的一方（先假設雙方的財力相當，能獲得的信貸也相當）。只有獲勝者要支付投標款項給負責收款的人。

付多少錢呢？只要比輸家願意支付的最高款項再多一便士就可以了。如果贏家能支付的比這個價碼低，就無法獲得獎勵，而若付得更多，則無異是把錢丟到水裡。

然而，決鬥審判不太一樣，史巴克或許會說是「不完美區別且雙方皆要付錢競標之拍賣會」34。聽起來好像很厲害，不過這種競標拍賣的出價雙方都要支付競標的金額，勝利者不一定總是出價較高的人，有時也可能是出價比較低的。後者的情形有點像運動隊伍，實力較強的隊伍贏的機率較高，但也可能狀況不好，或是運氣不好，讓比較弱的隊伍獲得勝利。

這也是決鬥審判的特色。為了雇用鬥士，兩造都要付錢給鬥士（也就是競標金額），而即使鬥士輸了，也沒辦法把錢拿回來。付

較多錢雇用實力較好鬥士的一方（下標金額較高）贏面比較大，但另一方比較便宜也比較弱的鬥士還是有獲勝的機會。

在這類的競標裡，收款人究竟會收到多少款項呢？比一般的競標拍賣來的少。乍看之下有點奇怪，畢竟，在一般的競標拍賣會，**只有**贏家要付錢；而在決鬥審判這樣的競標裡，贏家和輸家**都要**付錢。

但這種說法忽視了兩個事實。第一，在一般的競標過程中，投標者不用真的付錢，所以比較不珍視競標物的人，會缺乏動機投注比自己可以接受的上限更低的價碼；因此，比較珍視競標物的人（也就是最後必須付錢的人），會被迫開出再高一點的價碼來贏得競標。

相反的，如果雙方都知道自己得付下標的金額，比較不珍視的一方就有誘因投入比上限更低的價碼。畢竟，如果輸的機率很高，那麼投標上限金額而且還得真的支付的意義在哪裡？於是，比較珍視的人也就不需要付那麼高的金額來投標。

第二，和一般的拍賣會不同，在決鬥審判裡出價較高的人不一定能贏得標的物，只是提高獲勝的可能性而已。雖然花的錢多，卻還是

有輸掉的可能性，這使投注高額的好處減少，也會讓雙方不願意砸下太多錢。

如果對細節有興趣，可以參考導覽後的附錄部分。但基本的概念是，和一般競標拍賣會相比，決鬥審判的暴力競標對收受款項的人沒那麼慷慨，所以意味著無理的訴訟也就比較少 35。

當然，比較少不代表沒有。但我們沒有中世紀兩造在雇用鬥士方面的支出數據，所以無法估量在決鬥審判中，無理的土地訴訟到底有多常見。但間接的證據顯示，這類訴訟應該不會太猖獗。

舉例來說，不太會有人長期聘請鬥士。如果無理的土地爭議猖獗，那麼固定聘請鬥士的情況或許也會很普遍。人們可能因為受到覬覦財產的投機分子所威脅，或是自己也想胡亂興訟，就會認為長期雇用理想的打手是划算的選擇。但事實上，大部分的人只有在面對控告時，才會開始尋找可用的鬥士，這也證明了上述的說法 36。

〔經濟學家打岔：〕

「事實上，這聽起來還有點道理。我可以理解為什麼決鬥審判和首價增價競標拍賣相比，能減少無理訴訟的案件。但這不代表決鬥審判的形式就比較好，因為就像是談判一樣，在降低詐欺的同時，出價較高的人卻不一定能獲勝，因此爭議的土地有時不見得會落到比較珍視的人手中。首價增價競標拍賣雖然會提升詐欺的機率，但較高的出價者永遠能獲勝，所以爭議土地總是會由正確的一方獲得。這你要怎麼解釋？」

　　我會說你是對的。但這不代表決鬥審判總體來說是比較差的競標機制。為了判定優劣，我們得同時考慮兩種競標正確判決和降低騙局的特色。史巴克，你或許是這裡唯一好奇計算方式的人，我們何不到附錄的地方再聊？

　　但比較的結果是這樣的：只要比較不珍視爭議土地的那一方，對土地認定的價值超過比較珍視者的一半以上，決鬥審判的暴力競標，總體效果就比一般的競標拍賣來得好，而考量上述的兩種特色，這是對社會比較有利的方式。

〔嚼菸草的男士舉起手。〕

　　這位先生？

　　「我又搞不懂了。就像我前面說的，老媽被咬的時候，只要找個厲害的律師威脅一下，就夠逼他同意和解了。當他看到我們厲害的律師，就知道自己輸定了，所以當場就付了我們要的十塊錢。我們根本沒上法院。所以為什麼你說的那些鬥什麼士的還得真的打架？比較糟的那個為什麼不和解就好了？」

好問題，而且正中紅心！如果從誘因的角度去想，決鬥審判的雙方一般來說實在沒有理由真的讓鬥士到競技場上打來打去。一旦雙方都知道對方雇用了誰，就會大概知道對方花了多少錢，也就不需要真的決鬥了。到這個時間點，雙方對審判的結果大都心知肚明，可以靠和解來省一些時間和金錢。

而在大多數的例子裡，他們就選擇這麼做。事實上，即使兩造無法在鬥士踏進競技場之前和解，也很可能在打到一半時這麼做。決鬥的情勢會重新帶來和解的可能性，因為雙方都能看出可能的勝利者。在決鬥前，堅持不和解的一方可能會不再那麼固執，因為從戰況看起來，他的鬥士獲勝的機率比他想像的低上許多。只要雙方對獲勝者的身分已經有所定論，就會有雙贏的和解方式和條件。

因此，「在權利令狀命令透過決鬥來進行判決時，真的展開決鬥的情況……是少數的例外 37。」相反的，事情的發展通常是兩造「在法庭決鬥前的最後一刻，盡力做出讓步 38。」下面的例子是亨利二世時期，兩位當事人在鬥士進入競技場，但還沒開始決鬥時，所做出的和解：

> 這是雙方合意產生的協議，由史塔福郡長湯瑪斯·諾爾見證，雙方分別是來自雪伯諾的哥德菲和雪伯諾的朱利安娜，關於半海得＊29 的土地。朱利安娜宣稱擁有領主波頓修道院長交付的權狀，而前述的朱利安娜得到一英畝的占有權，剩餘半博瓦塔的土地則在哥德菲剩下的生命中都歸他所有，而他必須為朱利安娜效力，而朱利安娜同意哥德菲支付

二十先令。在前述哥德菲亡故後，朱利安娜將擁有房地產權益，並且後代將擁有繼承權。前述的哥德菲在史塔福郡的法院宣誓，不會對朱利安娜本人或其後代意圖不軌，使其失去所有和繼承權。此案證人如下：史塔潘赫爾的神父羅伯特、阿諾德之子拉爾夫、卡德威爾的大衛、伯格的菲利浦、修·貝格特、薩姆福德的威廉等人，以及法庭全員 39。

在另一個十二世紀的例子裡，戰鬥已經開打，但疲憊的鬥士暫停動作。停下的同時，雙方的雇主就達成和解。這場決鬥發生在萊斯特勛爵的法庭，原告是教會人員，擔任修道院副院長的羅伯特，而被告是名叫艾德華的騎士：

雙方鬥士過招數次後……都坐下來，不敢再攻擊對方。而和解條件如下：前述艾德華應（為了土地）效忠前述修道院副院長，並且擁有世襲權，每年須繳納十九先令 40。

29.
hide 是面積單位，約等於四萬九千平方公尺；下兩行的 bovate 同樣也是古代英國的面積單位。

修道院在這次談判裡損失很大。事實上，「艾德華的鬥士在決鬥中失去視力」，但「修道院方的人馬並不知道 41」。假如他們知道，一定可以談到比較好的價碼。

〔對穿洞的壯男眨眨眼。〕

歷史學家 M・J・羅素蒐集了五百九十八起英國在 1200 年和 1250 年之間的決鬥審判紀錄 42。雙方真正決鬥的只有其中兩百二十六起，鬥士動手的更只有一百二十三起 43。假如這些資料是正確的，代表接近八成的當事人都達成和解 44。羅素認為，如果能找到更多資料，實際上和解的機率應該會在三分之二到四分之三間。但這不包含在打鬥中和解的例子，如果也算在內，實際的比例應該更高。

然而，即使我們接受羅素比較保守的估計，「顯而易見的是，民事訴訟中的決鬥審判從早期開始，就比較像是為最終妥協所安排的華麗場景 45。」而正如羅素所說：「人們時常要求決鬥，但很少真的開打 46。」

〔經濟學家打岔：〕

「我想再談談暴力競標的事。我現在能理解為什麼得透過拍賣會，才能把財產所有權判給比較珍視的人，也理解為什麼不完美區別且雙方皆要付錢競標拍賣，會比首價增價競標拍賣還有道理一些。但我還是覺

得你的故事有問題，這沒辦法解釋為什麼要用暴力的競標，而不用非暴力的。我的意思是，為什麼雙方不雇用賽跑選手來比賽，跑贏的就能得到土地？為什麼不雇用弓箭手來辦射箭比賽，哪一方離紅心最近就能獲勝？任何非暴力的比賽都會比決鬥審判的暴力好，至少不會有人被殺！」

〔長得像珍尼恩‧加羅法洛的女士大喊：〕

「沒錯，史巴克說得對！給和平的手段一點機會！」

這是個好問題，但沒有安妮亞或美國隊長問得那麼優秀。不過，夠好了。讓我分兩部分回答你。

第一部分，你太誇大決鬥審判的人命犧牲了。為了要降低人命成本，盎格魯日耳曼的司法系統定了一些規則來保護鬥士在決鬥中不受到傷殘或殺害，也就是限制了暴力競標的暴力程度。鬥士不是騎著馬，拿著長槍戰鬥，甚至不是拿劍。法律規定他們得拿不那麼致命的武器，例如說各位身邊這組棍棒。

〔*經濟學家轉頭看向 baculus cornutus。*〕

「*Baculi*」是棍棒的意思。有時候它們尖端會像羊角，但基本上就是木棍。法律同時也規定鬥士要帶小型的盾牌。當法官宣告進行決鬥審判時，他們不會命令鬥士殺掉對方 47，而是要鬥士穿上護具裝備，然後棒打對方 48。

決鬥審判的「投降規則」更進一步限縮了戰鬥造成的傷害。還記得其中一種戰敗方式，是鬥士向對手求饒嗎？決鬥審判不需要有血腥的結局，而因為投降規則，大多數的例子都沒有理由在血腥中收場。而證據也顯示如此：「在這些民事決鬥裡，死亡事件很少發生 49。」羅素只找到一個土地爭議的案子裡，有鬥士因此而身亡 50。

〔*經濟學家說：*〕

「但一起死亡也比零起多啊！如果是賽跑或射箭比賽……」

有人可能會死於心臟病，或是被射歪了的箭射死。但我知道你的意思，這就牽涉到我回答的第二個部分了。

雖然大部分的案子都達成和解，而法律也規定要用不致命的武器和護具，再加上投降規則，試圖降低人命的耗損，但還是無法完全避免決鬥審判中發生傷亡。更甚者，就像所有的審判，決鬥審判也需要人來舉辦主持。

為了降低剩下的成本，司法體系得盡可能將其轉換為社會的利

益。中世紀的英國人很喜歡看鬥士為了土地而戰鬥，所以司法體系將決鬥審判變成公開的活動 51。在後續的司法決鬥中，競技場的周圍會架設觀眾席，讓興奮的觀眾可以享受司法的運作。很顯然，這類熱門的活動需要一些規矩，才不會讓觀眾失控。還記得我前面提到，法官公開宣告禁止觀眾發出噪音或干擾嗎？賽跑或射箭比賽或許也能帶來一些娛樂效果，但絕對比不上打手的對決。

〔經濟學家：〕

「但你說大部分的決鬥審判都達成和解，有些還是在鬥士要開打之前！如果是那樣，司法人員要怎麼面對期待著打鬥場面的觀眾們？」

他們會提供表演賽。有位歷史學家提到，當「雙方在決鬥前的最後一刻達成協議」，「法官就會命令鬥士出手一兩下『國王的攻擊』，為了達到效果……而希望觀眾就算沒看到屠殺 52，也對這樣的表演感到滿意。」人們還是獲得了足夠的娛樂。

我們的「靠！什麼鬼？！」之旅到這裡告

一段落，謝謝各位的參與，我……

〔長得像珍尼恩・加羅法洛的女士：〕

「等一下！」

珍尼恩女士？

「是怎麼結束的？我是說，為什麼決鬥審判會走入歷史？」

我很高興也很驚訝你想知道更多，畢竟在妻子拍賣的時候，我們都要吵起來了，而且我一直叫你珍尼恩，還……

「其實我有一點享受。」

〔重新控制住自己〕

「我是說，通常資本主義的豬都會騙我們的錢，不給我們符合價位的內容！我們跟著你走了這麼久，卻……」

放輕鬆點，珍尼恩，我來告訴你決鬥審判是怎麼結束的。

當土地交易的成本很高，土地所有權就難以轉移。假如法官對爭議的土地做出「錯誤」的判決，無法透過交易把土地轉移給「正

確」的人持有，土地將會留在比較不珍視的人
手中。決鬥審判能讓面對這個情況的法官達成
高斯定理辦不到的目標：讓土地轉移到比較珍
視的人手中。

　　相反的，如果土地交易的成本降低，土地
的所有權就能流動，而情況也會改變。在這樣
的情況下，即使法官一開始判決「錯誤」，交
易也會讓爭議的土地進入「正確」的人手中。
決鬥審判就失去必要性，因為高斯定理已經能
達到將土地交給珍視的人的目的。因此……

〔長得像珍尼恩·加羅法洛的女士興奮地大喊：〕

**「因此當土地交易的成本顯著降低時，英
格蘭的司法體系就應該放棄用決鬥審判來解決土
地糾紛！」**

　　你說對了，夥伴。在十二世紀下半葉，
亨利二世在英國推行了重大的司法改革，稱為
「安茹王朝改革（Angevin reforms）」53。
這些改變也促成英國普通法的誕生，也代表英
國封建主義衰微的開始 54。在此期間，傳統封
建的財產安排大幅減少，而土地交易的成本也

隨之降低，因此，決鬥審判跟著式微。

一直到 1175 年，有許多年的時間裡封建佃農都不是所占土地的正式擁有者，而只是部分擁有者，領主和繼承人都擁有其中的所有者權益，這也就是為什麼讓渡需要他們的同意。

在 1175 年和 1200 年之間，佃戶變得比較像土地的真正所有人（從現代的角度來看）。他們的所有者權益大幅提高，而繼承人和地主的則受到限縮，讓他們漸漸失去干預讓渡過程的正當性。假如領主和繼承人不再對佃戶的土地擁有充分的所有者權益，讓渡時就沒有理由要他們的同意。當佃戶成為土地真正的所有人，讓渡的限制就慢慢削弱了。

關於所有權的轉移，歷史學家提出各種解釋，有人認為是長子繼承權的確立，有人認為是推動新的收回財產的方式，也有人認為是司法系統對於封建義務相關的演進。關於土地交易需要繼承人和領主同意這個情況會消失，最主要是因為他們無法取得共識 55。但他們都認同，「在 1176 年到 1220 年之間」，佃戶得到「確實交易的權利……不需要其他人的參與……只要本人和買主即可 56。」

這使得土地交易的成本下降，因此，在同一個時期，「土地……從相對凍結的資產，轉變為相對流動的資產 57。」也促使人們不再需要透過決鬥審判來解決土地的糾紛。

在 1179 年，溫莎議會推動了土地訴訟中決鬥審判的替代方案：大審判庭，由十二位該郡的騎士組成陪審團來審理。這個方案引發極大的迴響。十三世紀的法官仍持續宣判進行決鬥審判，但多數當事人都會選擇陪審團審判，使得決鬥審判越來越稀少。

　　1290 年，新的法令生效，禁止采邑分封，廢除了土地讓渡僅存的同意限制：「*Quia emptores terrarum*」，意思是「因為他們是土地的購買人」。在這之後，決鬥審判成了復古的奇妙活動，讓當時的人在審判發生時，總會詳細記錄每個細節 58。土地不再凍結，於是解決土地糾紛的決鬥審判走入歷史 59。

　　決鬥看起來比較像是野蠻人的解決方式，放棄了透過說理來化解衝突。如果司法系統將決鬥系統化，加以組織施行，似乎代表這個體系是由野蠻人組成，完全放棄了理智，不過日耳曼英國的決鬥審判證明事實並非如此。

　　司法的決鬥利用誘因來解決社會問題：如何在法官無法判斷真正擁有者，而土地交易又窒礙難行時，將爭議的土地交給最珍視的人。決鬥審判不但解決了這個問題，也讓社會的經濟生產力提升，而成員都能從中得益。

　　這個乍看之下一點道理也沒有的社會習俗，實際上就和前面看到的那些一樣，在看似愚不可及的外表下，不只有很棒的理由，而且非常合理。因此，看似沒道理的習俗不只有許多共通之處，而且和顯然合理的習俗差異不大。

　　還看不出來嗎？問問自己：日耳曼英國的

司法體系讓土地糾紛雙方當事人雇用代表，進行肢體的戰鬥，這難道會比現代英國的司法體系不合理嗎？現在的法庭只是改成土地糾紛的雙方當事人雇用代表，進行口頭的戰鬥而已。

現代賴比瑞亞的刑事司法系統有時會利用被告對於施打魔藥的反應作為證據；而加州現代的體系則把被告接上神奇的機器，觀察他們的反應，得到一些歪歪扭扭的線條來當成證據。前者就真的比後者不合理嗎？

那麼文藝復興時期教會的什一稅配套措施，用老鼠和蟋蟀來說服市民繳稅呢？美國二戰時期，財政部用唐老鴨的卡通來說服人民繳稅，這樣的做法真的比較有道理嗎？

還有……不，不……然後，等一下……還是算了。我剛才提到的每個習俗，還有你們今天學到的那些，其實都展現了對於誘因的巧妙操縱，來達到理想的目標。它們就和其他看起來很有道理的習俗一樣有道理，只是得認真一點才看得出來。

當你開始思考，就不難發現，看似無理的社會習俗其實和合理的一樣，都是人類的產物，而從根本來看，人們彼此間的差異微乎其微。

雖然地區從歐洲到非洲，而時間則橫跨九到十二世紀，但你在導覽中所看到的人們都面臨相似的問題：如何解決問題、在交易中收益、保護財產權，或是總的來說，希望鼓勵身邊的人有良好的行為舉止。這些是 1927 年的墨西哥瓜達拉哈拉人、古代的羅馬人、冷戰時期的日本人所面對的問題，也是任何時間、任何地點、任何社會的人都有的問題，連你也不例外。更甚者，導覽中所有的人都

用類似的方式來面對問題：也就是找出最好的
解決方式。換句話說，每個人都是用同樣的方
式面對問題。

因此，我們有了最後的謎題：如果無論時
間或地點，人們的根源和社會習俗都沒有什麼
不同，那麼為什麼不同社會的習俗看起來會如
此差異懸殊？

如果你有專心聽，那大概已經知道答案
了：因為人們所遇到的限制不同。

舉例來說，法蘭西過去的僧侶在保護財產
權時，面對著現代法國不存在的限制，也就是
政府的不存在。然而，現代的教會面對的是另
一種限制，也就是潛在的財產覬覦者並不相信
神聖的詛咒。因此，前者的僧侶使用詛咒來保
護財產，後者則仰賴政府。

中世紀德國的法官在找尋刑案真相時，面
對著現代德國所沒有的限制：缺乏 DNA 證據；
現代德國法官則有不同的限制，亦即他們的被
告並不相信神判法。因此，前者利用熱水審判
來找出真相，後者則仰賴基因的密碼。

古代英國不快樂的妻子受到沒有法定財產
權限制，沒辦法直接向丈夫購買脫離婚姻的權
利，而現代的傷心人妻則不同（某些情況，離

婚還是要經過配偶同意）。因此，前者用妻子拍賣來間接購買丈夫的許可，後者則是用自己的財產直接購買。同樣的人類，面對同樣的問題，但因為限制不同，所以有了各具特色的解決方式。

假如你發現自己被困在樹上，你的問題是：怎麼下來。你決定抱著樹幹往下滑，但過程中讓自己被嚴重割傷。現在，假設你在同樣的處境中，但有個不同之處：你會飛。你決定用飛的，憑空降落在地面，一點也沒有割傷。你在第一個處境的解決方式和第二個比起來，真的比較不合理嗎？兩者不同沒錯，但肯定沒有比較不合理。畢竟，兩者都讓你在受到某些限制下，從樹頂下來。

當你離開這座博物館，回到日常生活，也代表把今天看到的奇人軼事留下，回去面對日常生活中的光怪陸離。但聽完導覽，你會有個優勢，會知道是誘因形塑了人們的行為模式，法則和規定帶給人們誘因，而限制則會使人們建立法則。你也會比較清楚，如何在自身或其他群體的習俗中，找到誘因、法則和限制。你的「靠！什麼鬼？！」感嘆會很快消失，能在旁人看似毫無道理的事物中找到合理的解釋。當這樣的情形第一次發生時，我想請你們幫我一個忙：把我一開始給你們的工具拿出來，就是你們一直帶著的「理性選擇理論」紙條，然後和它吻別吧！

說再見之前，還有最後三件事：第一，不要忘了十五分鐘後，卡諾夫和敲擊者就要在後面停車場大打出手，給大家一點娛樂了。

〔穿洞的壯男邪惡地笑了，開始伸展筋骨；玻璃眼的紳士則啜泣起來。〕

第二，如果你有興趣聽聽我的某些主張背後的技術性細節，在看完決鬥之後可以來附錄找我。

〔經濟學家口水都快流出來了。〕

最後，我希望你們花一點時間，填寫「靠！什麼鬼？！」意見回饋小卡。

〔將小卡發給大家。〕

我們對導覽的品質相當自豪，也希望每位客人都能對我們的服務感到開心滿意。如果你能花幾分鐘寫下滿意的地方，或是可以改進的部分，我們會感激萬分。

〔團員開始寫小卡，其中一位女士舉起手。〕

這位女士？

「你們真的會看嗎？」

不會，但是假裝一下才有禮貌啊。

顧客意見回饋卡

「靠！什麼鬼？！」意見回饋

填寫人：「卡諾夫」

我喜歡的部分：我一開始覺得你在唬爛，但多想一下之後，我最喜歡的是神判法的部分。如果人們相信儀式有用，就能真的讓它產生效果，真的很酷。我現在也知道為什麼這個習俗看起來很愚蠢，卻可以延續上百年：因為實際上一點也不蠢，而且某方面和現代的司法體系沒什麼不同。再也不覺得神判法是「靠！什麼鬼？！」了！附註：在我扁完人以後，要用他的義眼來求神諭！

有待改進的部分：肉多一點。

謝謝，然後「靠！什麼鬼？！」

「靠！什麼鬼？！」意見回饋

填寫人： 安妮亞
我喜歡的部分： 妻子拍賣。我學到如果有一方想脫離婚姻，而法律規定要取得對方的同意，她可以直接用買的，除了在工業革命時代的英國，妻子沒有財產權。但即使如此，不快樂的妻子也能讓現任丈夫把她們賣給新任，用間接的方式達成目的！當你一開始提到妻子拍賣，我覺得簡直是瘋了，但我現在知道一切都有合理的解釋！
有待改進的部分： 我希望解說員跟我約會！打給我：857-631-9818。我合理的選擇。

謝謝，然後「靠！什麼鬼？！」

「靠！什麼鬼？！」意見回饋

填寫人：「敲擊者」
我喜歡的部分： 吉普賽那一套真是太瘋狂了！但你解釋吉普賽人不能仰賴政府，而社會放逐在吉普賽社群需要其他的助力之後，我就完全可以理解他們為什麼需要迷信了。我沒辦法再用和過去一樣的眼光來看待肥皂或我的跨間了！
有待改進的部分： 導覽人員真的沒什麼理智，有點混帳，而且顯然歧視視覺障礙者，主管人員要注意了。

謝謝，然後「靠！什麼鬼？！」

「靠！什麼鬼？！」意見回饋

填寫人：「神父」

我喜歡的部分： 我很高興在導覽過程中，我神聖的弟兄們出現了好幾次，一定是上帝的作功！雖然懷疑你對神聖詛咒的評論是受到惡魔附身，但我覺得你提出的邏輯很有意思。而至少就我所知，沒有任何神職人員會詛咒人。但我可以理解（單就理論上來說）為什麼在沒有政府幫忙的時候，僧侶能用神聖詛咒來保護自己的財產。

有待改進的部分： 我會為你的靈魂禱告，你這天殺的異端者。以聖父、聖子、聖靈之名禱告，阿門。

謝謝，然後「靠！什麼鬼？！」

「靠！什麼鬼？！」意見回饋

填寫人：「手機皮套」

我喜歡的部分： 最棒的一站是神諭那一站。當你說人們如何對公雞下毒，來決定怎麼和鄰居相處，我覺得是我聽過最愚蠢的事。但明白毒死公雞怎麼調解鄰居的爭執，讓他們不要打個你死我活以後，整個習俗就再合理不過了！這基本上就像我和室友會用丟硬幣來決定誰要洗碗一樣。下次如果事情比較嚴重，我們或許可以試試對公雞下毒。

有待改進的部分： 順便問一下，你覺得用穩潔清潔劑噴麥克雞塊會有用嗎？

謝謝，然後「靠！什麼鬼？！」

「靠！什麼鬼？！」意見回饋

填寫人：「史巴克」

我喜歡的部分： 不多，雖然害蟲審判的部分是有點吸引人啦。證據的確顯示，在受到異教徒的威脅時，教會用審判來提振人們對超自然制裁逐漸疲弱的信仰，來支持什一稅的稅收。然而，沒有看到正式的模型或判斷的策略，我沒辦法說你的故事符合科學，或是稱得上「經濟」。

有待改進的部分： 嚴謹程度。其他團員似乎大部分都能跟上你的步調，或許是因為你用的是日常的語言和常識。但這樣很不好。你必須用大量的數學。當你發現客人眼神迷茫，完全不知道你在說什麼，就代表你的方向對了。

謝謝，然後「靠！什麼鬼？！」

「靠！什麼鬼？！」意見回饋

填寫人：

我喜歡的部分：

[咀嚼菸草噴出來的汁液]

有待改進的部分：

謝謝，然後「靠！什麼鬼？！」

「靠！什麼鬼？！」意見回饋

填寫人：「珍尼恩」

我喜歡的部分： 雖然明顯偏向父權主義，但我其實還看得挺開心的！我最喜歡的是決鬥審判，看起來又蠢又野蠻，但當交易受限，土地所有權很難轉移時，其實法官會想用決鬥審判來把土地交給最珍視的人，也是合情合理的。當然，我不相信財產權這一套，奴役無產階級什麼的。但假如我相信，就能理解看起來這麼瘋狂的制度背後的道理。

有待改進的部分： 博物館應該要有資源回收桶，然後解說員不該是這種資本主義的豬。

謝謝，然後「靠！什麼鬼？！」

感謝經濟學之旅的贊助者與支持者

「靠！什麼鬼？！」是一段奇妙的旅程：無論是主題、博物館本身或是導覽員，一切都很奇怪。剛開始投入時，我預期會遇到一些困難，沒辦法讓「嚴肅的人」看到「靠！什麼鬼？！」除了怪異以外的部分。我是對的，「不尋常（Eccentric）」似乎不一定是個讚美，更多時候，反而「我覺得你真他＊的瘋了」是比較委婉的說法。

首先，也是最重要的，我要感謝史丹佛大學出版社的編輯瑪格・貝斯・弗蘭明，當其他人只看見瘋狂時，她卻看見存在「靠！什麼鬼？！」瘋狂之中的條理。因為瑪格的支持，才會有博物館存在，也因為她的幫忙，這段旅程值得你們一試。瑪格甚至為博物館畫插畫，讓「靠！什麼鬼？！」成為絕無僅有，由經濟學家一手打造、插畫的導覽之旅 —— 而且這經濟學家還雪茄成癮（順道一提，想點菸的話請便，我們的博物館對吸菸者很友善）。謝謝你，瑪格。

麥克・孟杰和馬克・懷特在設計的過程中，給了導覽很棒的建議和鼓勵。還有彼得・波特克、克里斯・柯尼和喬治・蘇里。貝夫・米勒在博物館開幕準備時，為每一站都作了最後的修飾。感謝他們對「靠！什麼鬼？！」的支持，並且幫助我改進。

在旅程中，我嘲笑了很多人，說了一些故事，其實靈感都來自現實生活認識的人（有些人現在還有聯繫），雖然有的比其他更「真實」。謝謝他們願意成為我取笑的對象，他們真的很棒。

謝謝埃爾哈特基金會慷慨地贊助「靠！什麼鬼？！」的發展以及下列的出版社願意讓我使用我其他作品的內容：愛思唯爾（Elsevier）、當代出版（Now Publishers）、牛津大學出版社（Oxford University Press）、賽吉出版公司（Sage Publications）、施普林格科學＋商業媒體（Springer Science+Business Media），以及芝加哥大學出版社（The University of Chicago Press）1。

謝謝我的妻子，也就是導覽中我最愛的團員安妮亞。她總能讓我每天都說出「靠！什麼鬼？！」。最後，感謝世界上所有不尋常的事物，無論是過去、現在、未來，都讓這個世界一點也不天殺的無聊。

附錄　書呆子專用

────────

TOUR STOP 2　**燃燒吧，寶貝，燒吧！**

　　卡諾夫希望正式示範為什麼只要神父將一定比例的被告定罪，而被告又對他們的權威抱持一絲一毫的信仰，就能正確地利用神判法分辨有罪或無辜的被告。好吧，看好囉，小子！

　　想像有一位被告 j，被要求接受神判法 $j \in \{ j_g, j_i \}$。當 j 犯下被指控的罪行時，可以寫成 $j = j_g$；當 j 沒有犯下該罪，則是 $j = j_i$。1

　　j 可以選擇接受神判或拒絕。如果 j 接受，而被判有罪，他則會得到 β。如果 j 接受神判，而被證實無辜，他會得到 0。如果 j 拒絕神判法，他會得到 θ，而 $0 > \theta > \beta$。2

　　j 是懷疑論者，他相信神判可能是神的旨意，但也可能是狡猾神父的騙局。$\rho \in (0, 1)$ 代表 j's 的相信神判反映了神的旨意的信仰強度。3

　　ρ 是 j 認為神能透過神判法揭露他的罪行的可能性，此時 $j = j_g$；或是他認為神透過神判法彰顯他無辜的可能性，而此時 $j = j_i$. j's 的神父會將神判法一定比例的被告定罪，寫作 $\gamma \in (0, 1)$。j 知道被告歷來的成功率。

　　從 j_g's 的角度，假如神判法是神的旨意，γ 代表有罪的人被神判法定罪，很可能會發生在他身上，因為他是有罪的。如果神判是騙局，γ 則反映神父對受試者的定罪，也就是他被神判法判罪的可能性。如果 $\rho\beta + (1 - \rho)\beta\gamma < \theta$，那 j_g 就會因此拒絕接受神判，只要 $\gamma > (\theta - \rho\beta) / (\beta - \rho\beta)$ 就會成立。

　　從 j_i's 的角度，假如神判法是神的旨意，γ 代表有罪的人被神判法定罪，這不會發生在他身上，因為他是無辜的。假如神判是騙局，γ 則反映神父對受試者的定罪，也就是他被神判法判罪的可能性。那麼只要 $\rho 0 + (1 - \rho)\beta\gamma > \theta$，$j_i$ 就會接受神判法，任何 $\gamma < \theta / (\beta - \beta\gamma)$ 的情況都成立。

　　為了確保能正確歸類，神父必須將足夠的被告定罪，來讓有罪的懷疑論者不敢接受神判；但又不能定罪太多，讓無辜的懷疑論者不願意接受神判。因此，他必須使 $\theta/(\beta-\rho\beta)>\gamma>(\theta-\rho\beta)/(\beta-\rho\beta)$。

　　因此 $\rho\in(0,1)$ 而 $0>\theta>\beta$，$\forall\rho:\theta/(\beta-\rho\beta)>(\theta-\rho\beta)/(\beta-\rho\beta)\Rightarrow\exists\gamma:\theta/(\beta-\rho\beta)>\gamma>(\theta-\rho\beta)/(\beta-\rho\beta)$。因此，只要調整判罪的被告人數，神父就能正確地用神判法來判定被告是否有罪，前提是被告對於神判法，也就是神的旨意存有一絲信仰。

　　然而，神父理想上不願意定罪任何無辜者（要知道，無辜者被定罪越多，就越有可能威脅神判法權威的信仰），因此，他設定 $\gamma=\gamma^{*}\equiv(\theta-\rho\beta)/(\beta-\rho\beta)+\varepsilon$。這會讓他必須定罪的無辜被告的數量降至最低，就能夠提升人們對神判法權威的信仰。從 γ^{*}，可以看出神父必須定罪的被告比例，會隨著神聖旨意信仰的提高而降低。當 ρ 接近 θ/β（也就是避免讓無辜和有罪的人都接受神判，而神父不定罪任何無辜者，所需要的最低程度的信仰）時，γ^{*} 或趨近於 0。當 ρ 趨近於 0，γ^{*} 趨近於 θ/β，就是神父可以定罪無辜者的最高比例，而不至於使有罪和無辜的人都選擇拒絕神判。

TOUR STOP 6　　**毒死一隻雞？**

　　有些人很好奇，為什麼不統一的行為模式（在我舉的交通例子裡，就是有時候選擇通過，有時候選擇禮讓；或是在鄰居爭吵的例子，有時堅持，有時退讓），是缺乏統合工具（例如交通燈號或神諭時），在鄰居或駕駛身上可能發生的結果（事實上，可能性相當高）。原因如下。

　　我說的「可能的結果」經濟學家稱為「納許均衡（Nash equilibria）」（紀念提出這個概念的先驅約翰·納許）。納許均衡指的是因為對方的行為，讓你做出對自己最好的選擇；而對方也會因為你的行為，做出對自己最好的選擇。當情勢如此時，雙方都不會有改變行為的誘因，因此雙方都不會改變，這就是為什麼結果稱為「均衡」。

　　在某些兩個人對峙的情況下要找到均衡，就要先找到雙方的行為組合，稱為「策略組合」，雙方因為對方的選擇，而做出對自己最正確的行為。如果要以此分析前面說的駕駛或吵架的鄰居，可以先找到雙方的選項，以及根據對方的行為，每個選項帶來的好處。我要用吵架的鄰居來解釋，駕駛的例子也同理可證。

　　這裡的表格概述了梅特爾和梅布面對的情境，或稱「賽局」。梅特爾的選擇，或說「策略」，在表格左方，她可以繼續堅持或退讓。梅布的選擇，或說「策略」，在表格上方，和梅特爾一樣。兩位鄰居同時做出選擇，而雙方都知道這些策略選項

和相對應的獲利。

	堅持	退讓
堅持	x, x	y, 0
退讓	0, y	y/2, y/2

　　如果梅特爾退讓而梅布堅持，梅特爾獲得 0，梅布獲得 y> 0，這是表格左下角的情況：0 代表梅特爾而 y 則屬於梅布（每一格裡，都會先列出梅特爾的收益，然後是梅布的）。如果梅布退讓而梅特爾堅持，梅特爾會獲得 y，梅布獲得 0，這是表格右上角的情況，如果雙方各退一步，就是右下角的格子，雙方都獲得 y/2。最後，如果雙方堅持不下，就是左上角的格子，雙方都得到 x < 0。

　　為了求出這個賽局的納許均衡，我們只要檢查每個格子來看會不會有其中一人，會因為這一格鄰居所採取的策略，而想要移動到別的格子（選擇不同的策略）。有道理嗎？如果看不懂沒關係，一旦我們開始解題就會很清楚了，很簡單的。

　　從左上角的方格開始，梅特爾和梅布堅持不下，雙方都得到 x。如果梅特爾堅持，梅布可以改變策略退讓，而得到更多，從本來的 x 變成 0（記得，x < 0）。假如梅布堅持，梅特爾可以改變策略退讓，而得到更多，從本來的 x 變成 0。因此，假如一方堅持，另一方就會想退讓，因此左上角的情形（堅持不下）不會達到平衡，就不會是梅特爾和梅布互動可能的結果。

　　接下來，讓我們看看右下角，雙方都退讓。如果梅特爾退讓，梅布可以改變策略堅持，而獲利更多，從 y/2 變成 y。而假如梅布退讓，梅特爾可以改變策略堅持，而獲利更多，從 y/2 變成 y。雙方都會想在對方退讓時選擇堅持。因此，右下角的情況（雙方退讓）也不會是均衡狀態。

　　剩下的兩格是左下角（梅特爾退讓而梅布堅持），和右上角（梅布退讓而梅特爾堅持），來看看左下角會不會均衡吧。

　　如果梅特爾退讓，梅布只要留在左下角（繼續堅持），就能獲得 y。但他如果改變行為（退讓），就只能獲得 y/2。因此，梅布會想要留在左下角，她堅持而梅特爾退讓。

　　那梅特爾呢？如果梅布堅持，梅特爾留在左下角（退讓）的獲益是 0。但如果她改變行為（堅持），她得到的會是 x。因此，梅特爾會想留在左下角，她退讓而梅布堅持。

　　在左下角的格子裡，因為鄰居所採取的策略，梅特爾和梅布都不想改變策略。

我們找到第一個均衡了！其中一個鄰居互動的可能結果，就是梅特爾退讓而梅布堅持。

最後一個要檢查的格子是右上角，梅布退讓而梅特爾堅持的選項。這時，情勢剛好和左下角的完全相反。你或許已經猜到，這個格子代表的策略也會是鄰居互動的均衡。因此，兩人互動的結果也可能是梅布退讓，梅特爾堅持。

那麼，梅布和梅特爾都使用混合策略的均衡狀態呢（兩人都有時堅持，有時退讓）？這就是我現在展示給你們看的，在哪裡呢？

還記得納許均衡指的是在特定情況下，看到對方所採取的策略，梅布和梅特爾都不想改變自己的策略。而均衡如果要包含雙方都採取混合策略，就得包含兩人各有堅持和退讓的不同情況組合（每個策略都有一定機率），以便無論鄰居採取甚麼策略，都會產生相同的預期收益。

這麼想吧，假如梅特爾混合了策略，而產生梅布可能會因為自己的策略而有不公平收益的情況，梅布就會選擇採用無論如何都能帶給她最高收益的策略。但如果梅布總是用一樣的策略，梅特爾就會想改變策略。假如梅布總是退讓，梅特爾就會一直堅持；假如梅布一直堅持，梅特爾就會總是退讓。假如梅特爾這麼改變策略，她一開始的混合策略就不會是均衡的一部分，因為均衡的條件是梅特爾因為梅布的策略，而不想改變自己的策略。同樣的道理也能套用在另一方的梅布身上。若梅布混合了策略，而產生梅特爾可能會因為自己的策略而有不公平收益的情況，梅特爾就會選擇採用無論如何都能帶給她最高收益的策略。

因此，若想找到雙方都混合策略的平衡，我們得先找到雙方能使用的策略組合（堅持和退讓的可能性），無論鄰居採取的行動，都能獲得同樣的預期收益。

實際做法是這樣的：假設梅特爾混合了策略，堅持的機率是 ρ，而退讓的是 $1 - \rho$。假如梅布堅持，她得到的是 $\rho x + (1 - \rho) y$；假如梅布退讓，她得到的是 $\rho 0 + (1 - \rho) y/2$。如果 $\rho x + (1 - \rho) y = \rho 0 + (1 - \rho) y/2$，那麼無論梅布做甚麼，她的預期收益都是一樣的。因此，讓等式成立的 ρ 值就是平衡狀態梅特爾堅持的機率。為了要求 ρ 值，我們列出 $\rho = y/(y - 2x)$，這個平衡狀態包含梅特爾混合策略，所以她堅持的機率必須是 $\rho = y/(y - 2x)$，而退讓的是 $1 - \rho$。

梅布面對的情形和鄰居是對稱的，所以做法也一樣。梅特爾混合策略時，堅持的機率是 $\rho = y/(y - 2x)$，而退讓是 $1 - \rho$；梅布會為了自己最大的利益，用同樣的方式混合策略，反之亦然。我們已經找到雙方都混合策略，堅持和退讓比例相同的平衡狀態了。

小蟋蟀吉明尼的地獄之旅

在害蟲審判的部分，我答應向有興趣的各位説明，教會到底怎麼在延長審判期間和進行較短的審判中做出取捨。前者會提高成功率，讓害蟲離開，但得到結果卻比較沒有説服力；後者會提高失敗率，害蟲繼續肆虐，但假如成功了，會比較有説服力。現在我來解釋吧。一邊解釋，我也會告訴你們到底教會如何能用害蟲審判來提升理性市民對超自然制裁的信仰，因此提升什一税的收益。4

在開始之前，我先警告大家：除了無聊到嚇死人之外，接下來的討論的前提是各位對貝氏定理的觀念（和貝氏法則）很熟悉。不過既然你已經進入附錄了，就很可能對這些觀念很熟，人們大概會用「聰明但不擅長社交」來形容你。但如果你不熟悉，我等一下説的東西至少有一部分會讓你聽不懂，可行的解決方式是讀一些相關的書，或者比較有可能的做法，是快速掃過接下來幾頁，偶爾停下來欣賞一下美麗的符號就好。開始囉。

透過選擇要透露多少關於世界狀態的資訊，某人可以説服其他人採取他偏好的行為，而不是被説服的對象原本想採取的。即使雙方都是理性的貝氏主義者，而被説服方知道説服方選擇要揭露多少資訊的目的是操縱他的行為而得利，這樣的情況依然會成立。

貝氏理論讓上述成立的關鍵，是貝氏法則限制了後驗信念的期望值。貝氏理論要求，個人的後驗信念期望值要等於先驗信念，但對於其後驗分配沒有其他限制。因此，只要被説服的對象依照信念線性行動，説服者就能依照自身的利益，影響被説服者的行為。説服者的做法是透過控制透露的資訊量，來操縱目標的後驗分配。

為了更了解教會是如何用害蟲審判來操縱這個邏輯，説服市民繳納什一税，可以想像一個教會法庭，和一位十五世紀風險中立的法國農夫皮耶。皮耶的社區受到甲蟲的侵襲，於是希望教會用超自然的力量來排除蟲害。他和主持法庭的教會人士都是理性的貝氏主義者。世界有兩個未知的狀態 $\omega \in \{0, 1\}$：教會的超自然制裁是真的，或是只是騙局。$\omega = 1$ 代表前者，教會有能力終止蟲害，因此皮耶逃避什一税的行為會對靈魂有重大損害。教會和皮耶有共同的前提 $\omega = 1, \mu_0 = (0, 1)$。

皮耶的社群提出告訴時，法庭選擇審判的期間 $\sigma = [0, 1]$。所選擇的期間會影響審判的結果 $s \in \{$ 離開, 未離開 $\}$，由狀態來判定。假如 $\omega = 0$，甲蟲離開會死亡（$s = $ 離開）的機率是 σ。假如 $\omega = 1$，甲蟲會被上帝驅趕，所以 $s = $ 離開的機率是 1。長度 σ 和結果 s 都可以被大眾觀察到。

要注意法庭對審判時間的選擇，其實是選擇要對皮耶揭露多少關於世界狀態的資訊。我們可以説 σ 是法庭對皮耶關於世界狀態的「信號」。最短期的審判（$\sigma = 0$）

是完全揭露世界的狀態，法庭當下宣告甲蟲有罪，而甲蟲可能離開或繼續留下。在這個例子裡，皮耶會肯定地知道教會超自然制裁的真實性。

　　而最長時間的審判（$\sigma = 1$），則完全不透露任何資訊。拖延審理時間直到害蟲的生命周期自然結束，教會即無法有效解釋牠們離開的理由。事實上，最長審判時間和完全不審判，或是乾脆饒恕甲蟲，意義都是一樣的。在這個例子裡，皮耶完全無法得知教會超自然制裁的真實性。

　　教會希望能將皮耶什一稅的收益最大化。為了達到目的，就要優化 σ。怎樣的審判期間能最大化皮耶什一稅繳納的期望值，作為他先驗信念（對教會超自然制裁的信仰）的函數 μ_0？為了求出答案，我們要在觀察過審判結果 s 以後，求出皮耶最高的什一稅繳納，作為他後驗信念（也是對教會超自然制裁的信仰）的函數 μ_s。

　　假設皮耶可以徵收什一稅的收成金錢價值是 $y > 0$，面對的什一稅率 $t \in (0, 1)$。皮耶可以選擇要把多少的價值報給收稅人 $x \geq \underline{y}$，此時 $\underline{y} > 0$ 是他可以順利過關的最小通報價值。農產品的變幻莫測讓收稅人無法觀測 y，但收稅人對皮耶可以徵收的價值也會根據可觀察的因素（天氣和皮耶的土地大小），而訂出信賴界限。

　　教會用超自然制裁懲罰逃稅者的方法，就是宣稱從上帝面前將他們驅逐，宣告他們是罪人，並絕罰或詛咒他們。這些制裁都是神聖的，所以總是會「自動」對存有微信仰的逃稅者執行。教會威脅將對逃稅者依據罪行嚴重程度來進行懲罰，他們罪行的嚴重程度是 $\phi(y - x)$，而 $\phi > 0$。雖然收稅者無法判斷逃稅的嚴重程度，但上帝可以。

皮耶最大化

$$\max_{x} \; y - tx - \mu_s \phi \, (y - x).$$

　　這個最大化的問題有個很簡單的解法：唯若 $\mu_s \geq t/\phi$ 時，皮耶宣告他實際上應該徵收稅金的收穫價值 y，於是支付 ty。否則，他會提報可以順利過關的最小通報價值 $\underline{y}$，因此支付 $t\underline{y}$。在這個情況下，教會對皮耶後驗信念的期望價值會是個階梯函數，在 $\mu_s < t/\phi$ 時等於 $t\underline{y}$；在 $\mu_s \geq t/\phi$ 時則等於 ty。

　　假如皮耶對教會超自然制裁的先驗信念是 $\mu_0 \geq t/\phi$，他就會照實完全申報自己應該收稅的收穫價值，此時若教會進行害蟲審判，則一點收益也不會有。因此，假如 $\mu_0 \geq t/\phi$，法院會選擇 $\phi = 1$，不進行審判；相反的，假如 $\mu_0 < t/\phi$，就會有一些空間能說服皮耶申報更多可收稅的價值，因此會進行害蟲審判。

　　有兩點能幫助我們判斷審判時間的最佳期間。首先，注意到當 $\mu_0 < t/\phi$ 時，任何

期間的審判只要結果不成功（s = 未離開），對皮耶造成的影響都會相同。這樣的審判會降低皮耶的後驗信念，讓他的信仰變得太過薄弱，無法提升什一稅的繳納：μ_s < t/ϕ。而如果特定期間的審判在結果不成功時會削弱後驗信念，成功時則會提升後驗信念（s = 離開），那麼在 s = 未離開的情況下，讓皮耶的後驗信念降至零的最佳的長度是 μ_0 < t/ϕ 的情況。

第二，注意無論皮耶的後驗信念是剛好等於 t/ϕ 或更高，他的行為都會維持一致。如果特定長度的審判在成功時會產生較高的後驗期望，但成功的機率卻不高，在 μ_0 < t/ϕ 時最佳的審判長度就是讓皮耶的後驗信念剛好達到 t/ϕ，而結果是 s = 離開。

這兩點意味著法院最佳的審判期間，是能夠讓皮耶的後驗預期呈現二項分布，製造出一定 $\mu_s = 0$ 的機率，其他時候則是 $\mu_s = t/\phi$。若要求出這樣，只要想想貝氏定理規定皮耶的後驗信念期望值和先驗相等。τ（μ_s）表示 $\mu_s = t/\phi$ 的可能性

$$\mu_0 = \frac{t}{\phi}\tau\,(\mu_s) + 0[\,1 - \tau\,(\mu_s)\,].$$

若要解出等式求 τ 值，法院最理想的審判長度是能讓 $\mu_s = 0$，機率是 $1 - \mu_0\,\phi/t$，和 $\mu_s = t/\phi$，機率是 $\mu_0\phi/t$。

接下來，要計算法院的最佳審判長度就很容易了，只要用**貝氏法則**，

$$\mu_s\,(\omega) = \frac{\sigma\,(s|\omega)\,\mu_0\,(\omega)}{\sigma\,(s|\omega)\,\mu_0\,(\omega) + \sigma\,(s|\omega')\,\mu_0\,(\omega')}$$

而事實上

$$\tau\,(\mu_s) = \sigma\,(s|\omega)\,\mu_0\,(\omega) + \sigma\,(s|\omega')\,\mu_0\,(\omega')$$

造成

$$\mu_s\,(\omega) = \frac{\sigma\,(s|\omega)\,\mu_0\,(\omega)}{\tau\,(\mu_s)}.$$

求出 σ 得到的式子是

$$\sigma\,(s|\omega) = \frac{\mu_s\,(\omega)\,\tau\,(\mu_s)}{\mu_0\,(\omega)}.$$

有了等式以後，我們可以用上方的 μ_s、τ 和 μ_0 的值來求出法院最佳的 σ 解。這麼做會得到二進位信號（binary signal）。

$$\sigma\,(\text{未離開}\,|\omega = 0) = \frac{t - \mu_0\phi}{t\,(1 - \mu_0)} \quad \sigma\,(\text{未離開}\,|\omega = 1) = 0$$

$$\sigma\,(\text{離開}\,|\omega = 0) = \frac{\mu_0\,(\phi - t)}{t\,(1 - \mu_0)} \quad \sigma\,(\text{離開}\,|\omega = 1) = 1$$

當 $\mu_0 \geq t/\phi$，法庭不會進行審判，而教會從皮耶那收到的什一稅等於 ty。當 $\mu_0 < t/\phi$，法庭會進行審判，而教會預期從皮耶處收到的什一稅收等於 $\mu_0\phi\left(y - \underline{y}\right) + t\underline{y}$。這會比不進行審判時收到的 ty 還要多。雖然皮耶是理性的貝氏主義者，也知道法庭操縱審判的長度來操縱他的信仰，法庭還是能用害蟲審判來改善皮耶的交稅狀況。

TOUR STOP 8　**打架能解決一切**

史巴克希望我好好解釋，為什麼決鬥審判的暴力競標和一般的競標拍賣相比，對收取競標價碼的人比較沒那麼慷慨，而且是個比較好（成本較低）的方法，只要比較不珍視的一方對爭議土地價值的估量超過較珍視的一方的一半，就能有效地分配爭議的土地。史巴克，為了讓我的說法對你來說夠有說服力，我刻意使用了很多非必要的數學。

想像有兩位風險中立的當事人，佃農 T（要記得，這是盎格魯日耳曼土地糾紛中的被告）和原告 D（這類糾紛的原告），正在爭奪某塊地的所有權。T 對爭議土地估量的價值是 v_T，D 則是 $v_D > v_T > 0$，雙方都知道自己和對方的估價。

還記得在一般的競標裡，只有獲勝的當事人才要付下標的錢給收費者，金額的數字會等於較不珍視的那方所估量的價格：v_T。

而在決鬥審判的暴力競標裡，當事人雙方都必須支付出價的金額。T 和 D 對爭議的土地下標，分別花了 $t > 0$ 和 $d > 0$，雇用鬥士代表他們在競技場中決鬥。雙方同時支出這筆花費，並且各自獨立，而雇用鬥士的花費和土地的價值單位相同。

如果想求出 t 值和 d 值，我們可以用經濟學家戈登・圖洛克（Gordon Tullock）的競賽成功函數。根據自己和對方在鬥士上的支出，來表示雙方在暴力競標中獲勝的個別機率 5。D's 在爭奪土地的決鬥審判中，獲勝的機率如下：

$$\rho_D\left(d,t\right) = \frac{d^\alpha}{d^\alpha + t^\alpha.} \tag{1.1}$$

T's 的獲勝機率則是：

$$\rho_T\left(d,t\right) = 1 - \rho_D\left(d,t\right) = \frac{t^\alpha}{d^\alpha + t^\alpha.} \tag{1.2}$$

$\alpha > 0$ 是值量參數（決定性參數）。而鬥士支出的 return 則是常數 $\alpha = 1$。
T's 在決鬥審判中獲利的期望值是：

$$\pi_T\left(d,t\right) = \frac{v_T t}{d + t} - t. \tag{2.1}$$

D 的最大值：

$$\pi_D\,(d,t)=\frac{v_D d}{d+t}-d.$$

（2.2）

T's 的一階條件式（表示能讓他獲利最高的鬥士支出）如下：

$$\frac{\partial \pi_T}{\partial t}=\frac{v_T d}{(d+t)^2}=1.$$

（3.1）

D's 的一階條件則是：

$$\frac{\partial \pi_D}{\partial d}=\frac{v_D t}{(d+t)^2}=1.$$

（3.2）

T's 的二階充分條件（獲利較次）是：

$$\frac{\partial^2 \pi_T}{\partial t^2}=\frac{-2v_T d}{(d+t)^3}<0.$$

（4.1）

由於 $v_T>0$，$d>0$ 而 $t>0$，故能夠成立。D's 的二階充分條件是：

$$\frac{\partial^2 \pi_D}{\partial d^2}=\frac{-2v_D t}{(d+t)^3}<0.$$

（4.2）

而 $v_D>0$，$d>0$，且 $t>0$，所以成立。

計算（3.1）和（3.2）兩條等式的比值，得到：

$$\frac{t}{v_T}=\frac{d}{v_D}.$$

（5）

解出 d 值，帶入等式（3.1），就能得到 T's 雇用鬥士的最佳支出：

$$t^*=\frac{v_T^2\,v_D}{(v_{D+}v_T)^2}.$$

（6.1）

解出 t 值，帶入等式（3.2），就能求出 D 雇用鬥士的最佳支出。

$$d^*=\frac{v_D^2\,v_T}{(v_{D+}v_T)^2}.$$

（6.2）

有了等式（6.1）和（6.2），我們就可以計算在雇用鬥士方面的總支出，也就是決鬥審判雙方當事人所要支付的競標金額：

$$t^* + d^* = \frac{v_T \, v_D}{v_{D+} v_T.}$$

（7）

由於 $v_D > v_T > 0$ 而 $\forall v_T > 0 : \frac{v_T \, v_D}{v_{D+} v_T} < v_T$，因此，在暴力競標雙方支付的出價總額，也就是收費者的進帳，會低於一般競標拍賣中得標者所要支付的（也就是一般競標拍賣中收費者的進帳）。

下一步，為了要求出暴力競標在甚麼情況下，整體來說會優於一般競標；換句話說，也就是前者的總成本在計算了分配無效的成本之後，仍然較低的情況（你應該還記得，後者不會有分配無效的問題，所以這項成本為零）。因此，我們要計算暴力拍賣分配無效的成本。

這樣的成本即是決鬥審判將爭議土地判給較不珍視的一方的機率，$\rho_T = \frac{t^*}{d^* + t^*}$，乘以發生問題時損失的社會成本 $v_D - v_T$，帶入雙方對鬥士的均衡支出：

$$\frac{v_T^2 v_D}{v_D^2 v_T + v_T^2 v_D} \left(v_D - v_T \right).$$

（8）

現在，我們已經得到暴力競標的總成本了。從等式（7），我們可以知道暴力競標引發詐騙的成本是 $\frac{v_T v_D}{v_D + v_T}$，所以總成本是：

$$\frac{v_T v_D}{v_{D+} v_T} + \frac{v_T^2 v_D}{v_D^2 v_T + v_T^2 v_D} + \left(v_D - v_T \right).$$

（9）

一般競標的分配無效成本是零。而由上列計算，我們可以得知其引發詐騙的成本是 v_T，所以一般競標的總成本是 v_T。

因此，當下列式子成立時，暴力競標的成本就會低於一般的競標：

$$\frac{v_T v_D}{v_{D+} v_T} + \frac{v_T^2 v_D}{v_D^2 v_T + v_T^2 v_D} \left(v_D - v_T \right) < v_T \Rightarrow v_T > \frac{v_D}{2}.$$

（10）

事情就是這樣啦，史巴克。

筆記　懷疑論者限定

在大廳等候片刻

1. 如果想多了解奇特的市場（特別是日本歷史紀錄），可以參考 Ramseyer, J. Mark. 2008. *Odd Markets in Japanese History: Law and Economic Growth*. Cambridge: Cambridge University Press。關於人們傾向對於某些事物的商品化感到噁心（也就是在別人提出商品化建議時，做出「靠！什麼鬼？！」的反應），以及為什麼這樣的傾向會產生反作用，可以參考 Block, Walter. 1976. *Defending the Undefendable: The Pimp, Prostitute, Scab, Slumlord, Libeler, Moneylender, and Other Scapegoats in the Rogue's Gallery of American Society*. New York: Fleet Press；和 Brennan, Jason, and Peter M. Jaworski. 2015. *Markets without Limits: Moral Virtues and Commercial Interests*. New York: Routledge，或是 Miller, William Ian. 1997. The Anatomy of Disgust. Cambridge, MA: Harvard University Press、Nussbaum, Martha C. 2003. *Hiding from Humanity: Disgust, Shame, and the Law*. Princeton: Princeton University Press、Rossman, Gabriel. 2014. "Obfuscatory Relational Work and Disreputable Exchange." *Sociological Theory* 32:43–69。

TOUR STOP 2　燃燒吧，寶貝，燒吧！

1. 世界上最早仰賴神判法的法規。關於神判法的普遍性和類型，參考 Gilchrist, James 1821. *A Brief Display of the Origin and History of Ordeals . . .* London: Printed for the author by W.Bulmer and W. Nicol、Groitein, H. 1923. *Primitive Ordeal and Modern Law*. London: George Allen and Unwin、Lea, Henry C. 1866. *Superstition andForce: Essays on the Wager of Law, the Wager of Battle, the Ordeal*, Torture. Philadelphia: Collins。

2. 熱水審判有時會有「強度」的不同，根據被告罪狀的嚴重性或其名聲的不良

程度而定。在「一級」的熱水審判裡，受試者須把手腕以下浸入滾水中，熱鐵審判則要搬一塊一磅重的熱鐵；在「三級」熱水審判，受試者要浸泡到手肘，熱鐵審判的鐵則重達三磅。

3. 熱水審判比較古老，大約在 507 年到 511 年間，首度出現在 Lex Salica。冷水審判則是九世紀的發明。

4. 神判法的細節會因為時間和地點而不同，但基本概念很類似。在神判法的歷史中，人們會因為不同的理由而使用，從政治（誰有權繼承？）到宗教（這些聖骨是真的嗎？）都有可能，我只考慮了因司法審判而起的神判案例。

5. 通常受試者都是被告，但偶爾也會有原告。

6. Howland, Arthur C., ed. and trans. 1901. *Ordeals, Compurgation, Excommunications and Interdict.* Philadelphia: Department of History, University of Pennsylvania, 7–9.

7. 歐陸的司法體系有時也用另一種熱審判：犁頭審判。概念和其他熱審判一樣，但受試者不是泡熱水或抱著熱鐵，而是要走過燃燒的地，參見 King Athelstan's 928 doom. Howland, *Ordeals*, 12–13。

8. Howland, *Ordeals*, 11.

9. 在日耳曼征服後的英國，仍然有零星神判法的例子，但相當稀少。

10. 舉例來說，十一世紀以前的英國對犯罪的懲罰是經濟上的。Klerman, Daniel. 2001. "Settlement and the Decline of Private Prosecution in Thirteenth-Century England." *Law and History Review* 19:1–5。在《克拉倫登法》中，犯罪的懲罰是截肢，在《諾桑普頓法》則是死亡。兩部法規都要求，即使被告通過試驗，只要所屬的社群覺得他們「聲名狼藉」，或是他們曾經「被許多守法者指控為惡」，就還是得遭到放逐。Howland, *Ordeals*, 16。

11. 參見 Bartlett, Robert. 1986. *Trial by Fire and Water: The Medieval Judicial Ordeal.* Cambridge: Cambridge University Press、Bloomfield, Morton W. 1969. "Beowulf, Byrhtnoth, and the Judgment of God: *Trial by Combat* in Anglo-Saxon England." *Speculum* 44:545–559、Davies, Wendy, and Paul Fouracre, eds. 1986. *The Settlement of Disputes in Early Medieval Europe.* Cambridge: Cambridge University Press、Groitein, *Primitive Ordeal and Modern Law;* Lea, *Superstition and Force*、McAuley, Finbarr. 2006. "Canon Law and the End of *the Ordeal.*" *Oxford Journal of Legal Studies* 26:473–513、Miller, William Ian. 1988. "Ordeal in Iceland." *Scandinavian Studies* 60:189–218、Thayer, James Bradley. 1898. A Preliminary Treatise on Evidence at the Common Law. Boston: Little, Brown。通常會由裁判委員會，或稱「法庭長」來審理案子，根據法院不同，成員可能是皇室法官、教會人員、勳爵或當地的地主。大部分的情況下，法官能決定特定案子需不需要使

用神判法，或是要使用哪一種。神判法由神職人員辦理主持。

12. 參見 Bartlett, *Trial by Fire and Water*, 26，和 28、135。根據 James Whitman，通常會有證人或其他知道罪案真相的人，但卻不願意出面，因為害怕若被告因此定罪處死，這筆血債會算在他們頭上。Whitman, James Q. 2008. *The Origins of Reasonable Doubt: Theological Roots of the Criminal Trial*. New Haven: Yale University Press。或許真是如此，但從司法的角度來說，這些人是否存在情況都一樣，反正法官都不會有決定性的「尋常」證據可以參考。

13. 理論上，《克拉倫登法》和《諾桑普頓法》規定只要涉及嚴重罪行的指控，就一定要進行神判法；但實際上，即使有了這些法規，只要有明確的罪證，法院就不會執行神判。Groot, Roger D. 1982. "The Jury of Presentment before 1215." *American Journal of Legal History* 26:1–24。想要概略了解盎格魯薩克遜的法律特色，參考 Pollock, Frederick. 1898. "English Law before the Norman Conquest." *Law Quarterly Review* 14:291–306、Pollock, Frederick, and Frederic William Maitland. 1959. *The History of English Law*. 2 vols. Washington, DC: Lawyers' Literary Club。

14. 關於英國宣誓保證人的角色，可以參考 Beckerman, John S. 1992. "Procedural Innovation and Institutional Change in Medieval English Manorial Courts." *Law and History Review* 10:197–252。

15. 其他類型的「尋常」證據或許也存在於特定的情形中。雖然在刑案中可能不太有效，但中世紀的法庭也可能會參考書面的證據，特別是在十一世紀以後。

16. 假如指控的罪名無法觀察或是牽涉到心理狀態，由於尋常的證據不容易取得，所以常會使用神判法，例如巫術、偶像崇拜、異端邪說，以及亂倫或通姦。

17. 另一個法院施行神判法的理由，則是在決定進行決鬥審判時，被告卻無法出場。可能的原因包含：被告身為女性，而無法找到鬥士來代替；或是沒有特定的原告，而是受大眾的質疑。

18. 從這個角度來看，神判的判決結果和市民對其公義性的看法，都是神判的附屬產品。關於人們對司法程序的著迷、司法審判結果和大眾對其公義性的看法，參見 Robinson, Paul H., and Sarah M. Robinson. 2015. *Pirates, Prisoners, and Lepers: Lessons from Life outside the Law*. Lincoln, NE: Potomac Books.

19. Lea, *Superstition and Force*, 176.

20. Henry, Robert. 1789. *The History of Great Britain, From the First Invasion of it by the Romans . . .* vol. 2. Dublin: Printed for Byrne, 272.

21. *Regestrum* 事實上包含 308 起神判法的結果，但其中 100 個例子，神判法都在還沒有產生最終結果前就終止了。75 個例子達成妥協，另外 25 個的原告撤回告訴。

有些撤回發生在受試者已經抱過熱鐵，但繃帶還沒拆下來時，代表受試者非常可能是無辜的，或至少原告認為神判結果會是如此。原告唯一會撤告的理由是：如果神判法宣判被告無罪，他們就可能被控誣告。

22. 這是保守估計，參考 21。

23. 英國的認罪名單也包含數量相似的神判結果，但有鑑於只記錄失敗的例子，僅能代表結果對於皇室的財產有影響，而無法用來說明受試者的通過率。Kerr, Margaret H., Richard D. Forsyth, and Michael J. Plyley. 1992. "Cold Water and Hot Iron: Trial by Ordeal in England." *Journal of Interdisciplinary History* 22:573–595, 579; see also Klerman, "Settlement and the Decline of Private Prosecution," 12.

24. 法學歷史學家費德里克‧梅特蘭（Frederic Maitland）如此解釋：「神判的成功遠比失敗要常見多了。」Maitland, Frederic, ed. 1887. *Select Pleas of the Crown*, vol. 1: A.D. 1200–1225. London: B. Quaritch, xxiv.

25. 神判只是犯罪懲處的說法也無法解釋。有效的犯罪懲處系統會對於犯罪訂下較高的刑罰及較低的使用機率。Becker, Gary S. 1968. "Crime and Punishment: An Economic Approach." *Journal of Political Economy* 76:169–217。

在神判的情境中，代表至少會是下列兩種情況之一。如果神判本身即有懲罰意味，那麼使用的頻率就不會太高，而每位受試者都會受到燒燙傷。但神判的使用卻剛好相反，頻繁而且只有極少部分的人會受傷。相反的，假如燒燙傷才是處罰，那麼代表只有極少數的被告才需要受傷，而不用耗費成本，假裝要傷害每個受試者；若由此觀之，神判法就相當不符合效益，長達數天，包含彌撒等漫長無止盡的儀式。假如直接把人燒了或煮熟還便宜得多。

第三個用神判作為處罰不合理的原因是「沒有鑑別性」，無論被告有罪無辜都會進行，因為判決結果尚未出爐。有效懲罰的理論大約是「燒死一成的罪犯」，但神判法燒死的是一成的被告，兩者的差別很大。最後，雖然處罰的預期成本對有罪和無辜者都一樣，但神判則否，無辜者會比有罪者低許多。正因為有這些特色，神判法應該是尋找真相的過程，而不是懲罰。

26. 他也能逃離自己的城鎮來逃避神判，但在這個例子裡，我想逃離的成本應該遠比認罪或和解得多，所以他不會考慮這個選項。

27. 法院會將拒絕神判法視為犯罪的證據，可以參見 White, Stephen D. 1995. "Proposing *the Ordeal* and Avoiding It: Strategy and Power in Western French Litigation, 1050–1110." In Thomas N. Bisson, ed. *Cultures of Power: Lordship, Status, and Process in Twelfth-Century Europe*. Philadelphia: University of Pennsylvania Press, 115–116.

28. Howland, *Ordeals*, 12–13.

29. Henry, *History of Great Britain*, 273.

30. Howland, *Ordeals*, 12.

31. Thorpe, Benjamin. 2003. *Ancient Laws and Institutes of England*. Clark, NJ: Lawbook Exchange, 96. See also Howland, *Ordeals*, 7–9.

32. 可以參見 Colman, Rebecca V. 1974. "Reason and Unreason in Early Medieval Law." *Journal of Interdisciplinary History* 4:571–591; Brown, Peter. 1975. "Society and the Supernatural: A Medieval Change." *Daedalus* 104:133–151; and Ho, H. L. 2003–2004. "The Legitimacy of Medieval Proof." *Journal of Law and Religion* 19:259–298.

33. Howland, *Ordeals*, 12–13.

34. 在西菲士蘭教會會議法，特定的例子可以尋求社群的意見來決定神判的結果。Colman, "Reason and Unreason," 590。至少在這個情況，神父按照個人喜好做出判決的權力會受到限制。

35. Rollason, D. W. 1988. *Two Anglo-Saxon Rituals: Church Dedication and the Judicial Ordeal*. Vaughan Paper No. 33, University of Leicester, 13.

36. Lea, Henry Charles. 1973. *The Ordeal*. Philadelphia: University of Pennsylvania Press, 72–73.

37. 某些司法體系會給原告選擇被告神判類型的權利，有些則將這個權利留給被告，但通常都還是法院決定。Lea, *The Ordeal*, 45–46.

38. Kerr et al., "Cold Water and Hot Iron," 581.

39. Maitland, *Select Pleas,* nos. 12, 119.

40. Ibid., no. 101. 十二世紀的冰島法律要求男性接受冷水試驗，女性接受熱水試驗。在十二和十三世紀的英國，由本書的資料來看，法律並沒有在熱水或冷水試驗中，特別針對性別做規定。 Lea, *The Ordeal*, 46; and Kerr et al., "Cold Water and Hot Iron," 581.

41. Pilarczyk, Ian C. 1996. "Between a Rock and a Hot Place: Issues of Subjectivity and Rationality in the Medieval Ordeal by Hot Iron." *Anglo-American Law Review* 25:87–112, 101.

42. 對於神判法即是神的旨意這一點信仰堅定的人來說，他們不會考慮除了神的作功以外的可能性。他們會將百分之百的赦免率解釋成全部的受試者都是無辜的，因此被神所拯救。

43. 進行神判法之前，被告會花幾天和執行的神父在一起，參與彌撒和禱告。這很可能給了神父更多資訊，來判斷他們是否有罪。Pilarczyk, "Between a Rock and a Hot Place," 98; Henry, History of Great Britain, 273。這類的資訊再加上被告對於接受

神判法的意願，能讓神父判斷被告是否真的有罪，卻因為被判罪的受試者太少，而認為神判只是騙局，所以冒險接受。

44. Bartlett, *Trial by Fire and Water*, 160.

45. Ibid.

46. Lea, *The Ordeal*, 33.

47. Howland, *Ordeals*, 7–9.

48. Lea, *The Ordeal*, 34. See also, Bartlett, *Trial by Fire and Water*, 1.

49. Howland, *Ordeals*, 8.

50. Lea, *The Ordeal*, 36.

51. Howland, *Ordeals*, 11.

52. Ibid., 8. 同時，也注意此處的聖經意涵。

53. *Lea, Superstition and Force*, 257. See also Hyams, Paul R. 1981. "Trial by Ordeal: The Key to Proof in the Early Common Law." In Morris S. Arnold, Thomas A. Green, Sally A. Scully, and Stephen D. White, eds., *On the Laws and Customs of England*. Chapel Hill: University of North Carolina Press, 111.

54. 有些高階的教會人員也會從基督國度來質疑神判法，但他們的批評在十二世紀之前都沒有獲得迴響。反對的聲音增加後，神判才在十二世紀尾聲時開始從某些地方消失。Caenegem, R. C. van. 1991. *Legal History: A European Perspective*. London: Hambledon Press, 85–86。然而，神判法的式微要等到十三世紀，在教宗諾森三世（Pope Innocent III）的禁令之後才發生。

55. Bartlett, *Trial by Fire and Water*, 83.

56. Numbers 5:11–31.

57. 在聖經中和司法的神判法第二接近的是水手們抽籤決定誰觸犯了上帝，造成暴風雨，紀載於約拿書一章七節。

58. 申命記 6:16; 馬太福音 4:7.

59. 還有其他對神判法的反對，我所沒有討論到最重要的是，有人認為神職人員不應該參與可能會流血的活動。關於第四大公會議禁止神判法更深入的神學討論，可以參考 Baldwin, John W. 1961. "The Intellectual Preparation for the Canon of 1215 against Ordeals." *Speculum* 36:613–636; and McAuley, "Canon Law and the End of the Ordeal."

60. Howland, *Ordeals*, 16.

61. Caenegem, *Legal History*, 87.

62. Ibid.

63. Bartlett, *Trial by Fire and Water*, 101. See also, Lea, *Superstition and Force,* 267.

64. Plucknett, Theodore F. T. 1956. *A Concise History of the Common Law.* 5th ed. Boston: Little, Brown, 118.

65. 基尼格木也稱為 *Erythrophleum guineense*。在東非和西非，動物有時會被用來作為被告的替身，代替被告喝下毒劑。Evans-Pritchard, E. E. 1937. *Witchcraft, Oracles and Magic among the Azande.* Oxford: Oxford University Press, 282、Davies, Louise Sarah. 1973. "The Sasswood Ordeal of the West Atlantic Tribes of Sierra Leone and Liberia: An Ethnohistoriographic Survey." Master's thesis, Portland State University, 33。然而，在賴比瑞亞，有些被告要自己服下毒劑。

66. Afzerlius, Adam. 1967. *Sierra Leone Journal 1795–1796.* Uppsala, Sweden: Studia Ethnographica Upsaliensa, 25。這裡指的是獅子山的基尼格木，但和賴比瑞亞的特性大致相同。

67. Hening, E. F. 1850. *History of the African Mission of the Protestant Episcopal Church in the United States with Memoirs of Deceased Missionaries, and Notices of Native Customs.* New York: Stanford and Swords, 45. See also Tonkin, Elizabeth. 2000. "Autonomous Judges: African Ordeals as Dramas of Power." Ethnos 65:366–86, 368.

68. 在 1961 年，美國的最高法院給予發誓者不對特定神明發誓的權利。

TOUR STOP 3　**所有者自行販賣：「二手」妻子，像新的一樣**

1. 雖然拍賣妻子的丈夫和妻子絕大多數都是中低階級的夫妻，但就如我稍後討論的，購買妻子的人通常會較為穩定富庶。

2. 大多數人都相信，被拍賣的妻子在交易生效之前，都應該要被綁上繩索。Pateman, Carole. 1988. The Sexual Contract. Stanford: Stanford University Press。

3. 可以參考 *Hampshire Advertiser & Salisbury Guardian,* May 12, 1849.

4. Menefee, Samuel Pyeatt. 1981. *Wives for Sale: An Ethnographic Study of British Popular Divorce.* New York: St. Martin's Press, 77. See also, *Leeds Mercury,* June 7, 1879.

5. Vaessen, Rachel Anne. 2006. *Humour, Halters, and Humiliation: Wife-Sale as Theater and Self-Divorce.* Master's thesis, Simon Fraser University, 26。販賣妻子的丈夫也會雇用宣傳者，或是在報紙上刊登廣告，公告妻子未來的債務都與他們無關，因為正如我後面所說，在成功的拍賣之後，這些債務都屬於購買者的。以這位在波頓東摩爾門市場被拍賣的妻子為例，她「在星期三時根據合約被送去給購買者，星期四早上傳達員就宣告她的丈夫不會再為她未來可能的債務負責。」*Times,* June 15, 1831，也可參見 *Grub Street Journal,* March 27, 1735。或是這則某位丈夫在報紙 *Ipswich Journal* 所

刊登的公告：十月二十九日，薩穆爾‧波爾斯將妻子賣給亞伯拉罕‧雷德，地點是布萊斯堡的修道院，價格是一先令。她被綁上繩索，交給前述的亞伯拉罕‧雷德。我薩穆爾‧波爾斯不再為她負責，因為她已經不為我所有。Menefee, *Wives for Sale*, 97–98，或參考 *Morning Chronicle*, January 2, 1819.

6. Thompson, E. 1991. *Customs in Common*. London: Merlin Press, 419.

7. Menefee, *Wives for Sale*, 57.

8. *Morning Chronicle*, July 21, 1828.

9. Thompson, *Customs in Common*, 465.

10. *Times*, April 26, 1832.

11. Menefee, *Wives for Sale*, 52.

12. *Times*, September 25, 1822. See also *Examiner*, September 29, 1822.

13. *Morning Post*, September 16, 1803.

14. Menefee, *Wives for Sale*, 96. See also *Sheffield & Rotherham Independent*, January 13, 1877; *Derby Mercury*, January 5, 1881; *Newcastle Courant*, June 17, 1881.

15. Thompson, *Customs in Common*, 425. See also *Sheffield & Rotherham Independent*, October 16, 1880.

16. 可以參考 *Aberdeen Journal*, December 12, 1860、*Blackburn Standard*, January 15, 1868、*Graphic*, October 28, 1871、*Dundee Courier & Argus*, November 10, 1875、*Bristol Mercury*, February 10, 1877、*Pall Mall Gazette*, July 4, 1882、*York Herald*, May 9, 1884、*Nottinghamshire Guardian*, November 26, 1886、*Leeds Mercury*, July 15, 1887、*Birmingham Daily Post*, December 19, 1893、*Morning Chronicle*, June 13, 1797.

17. 在搜尋資料的過程中，我們在澳洲、紐西蘭和美國殖民地發現了一些類似的例子，有些報紙也顯示法國、俄羅斯和中國都可能有妻子拍賣。然而，我們排除這些例子，不只是因為對英國的習俗感興趣，也是因為其他國家極為罕見，也沒有足夠的證據能證明其真實性。

18. 對於這個時期妻子拍賣的總數，歷史學家沒有定見。勞倫斯‧史東認為研究者目前蒐集到的案例數目和真實的數目應該不會相差太遠。Stone, Lawrence. 1990. *Road to Divorce*. Oxford: Oxford University Press, 148。相反的，湯普森認為目前的資料只是「冰山一角」而已。*Customs in Common*, 412。

19. Thompson, *Customs in Common*, 432. See also Kenny, Courtney. 1929. "Wife-Selling in England." *Law Quarterly Review* 45:494–497.

20. Menefee, *Wives for Sale*, 109.

21. Ibid., 93.

22. Thompson, *Customs in Common,* 433.

23. Ibid., 430.

24. *Chambers Journal of Popular Literature, Science and Arts* 1861, 240.

25. *Hampshire Telegraph and Sussex Chronicle etc.*, June 15, 1812.

26. *Public Advertiser*, June 25, 1791.

27. *World*, November 12, 1790. See also Times, April 26, 1832.

28. 當然，不是每位被拍賣的妻子都表達出歡喜之情。像牛隻那樣被拍賣，就算目的是改善婚姻狀況，肯定還是相當痛苦。更甚者，雖然妻子有否決的權利，確保她們對買主到好感勝於前夫，也不代表她們對現存婚姻的失敗不感到悲傷，或是不會對買主感到失望。雖然買主是他們所擁有的最好選擇，因此相對可以接受，但卻可能不是絕對理想的選擇。

29. *Liverpool Mercury etc.*, April 20, 1821.

30. *Standard*, August 10, 1864.

31. *York Herald*, May 5, 1876.

32. Menefee, *Wives for Sale*, 50.

33. Ibid., 55.

34. 理論上來說，丈夫不是真的獲得妻子的財產，而是能「合法佔有（seised）」，並且獨享其帶來的獲利。Baker, J. H. 2007. *An Introduction to English Legal History*. Oxford: Oxford University Press, 485。但實際上，這個區別只意味著如果丈夫違背妻子意願讓渡她們的土地繼承權，她們（或她們的繼承人）可以在丈夫死後把土地要回來（但1833年後結婚的妻子就沒有回收的權利，參考 Crane, F. R. 1960. "Family Provision on Death in English Law." *New York University Law Review* 35:984–1000, 985）。然而，妻子不能在未經丈夫同意的情況下，賣出、租賃或抵押地產。在婚姻中，妻子對於地產的控制權和收益全部都歸丈夫所管，所以幾乎從任何方面來看，妻子都會在結婚時失去地產的所有權，而丈夫則是獲得這些權利。

35. Hill, Bridget. 1994. *Women, Work, and Sexual Politics in Eighteenth-Century England*. Montreal and Kingston: McGill-Queen's University Press, 199.

36. Menefee, *Wives for Sale*, 61–62.

37. 至少在貴族階級以外，十八和十九世紀英國主流的家庭結構是個人可以選擇結婚的對象。從十三世紀起，雙方自由意志的同意就被視為婚姻的核心價值。1753年的《哈德威克法案》規定，未成年者在結婚前要取得父母親的同意，但如果少了雙方的同意，婚姻在法院上就會無效，參見 Stone, *Road to Divorce*, 50, 122–124。即便是父母壓力下的婚姻，在十八世紀時也已經式微。歸功於工業革命，英國年輕人

很早就開始有收入，也比較不會受到父母的影響，參見 Gillis, John R. 1985. *For Better, for Worse: British Marriages, 1600 to the Present.* New York: Oxford University Press, 119。更甚者，相對低的預期壽命和較高的平均首婚年齡，意味著許多年輕人在結婚時早已離家獨立，甚至可能失去父母其中一方或雙方，見 Adair, Richard. 1996. *Courtship, Illegitimacy and Marriage in Early Modern England.* New York: Manchester University Press, 129–148、Hill, *Work, Women, and Sexual Politics*, 185。史東提到，雖然仍有不少中低產階級的父母會為小孩物色結婚對象，想藉以改善經濟，但貧困或中產家庭的小孩多半仍會選擇把握婚姻的自主權，見 Stone, Lawrence. 1977. *The Family, Sex and Marriage in England* 1500–1800. New York: Harper and Row, 325–340。

38. 然而，假如教會法庭判決某段婚姻應當成立，但卻因為某方的年齡、心智能力、性能力或詐欺等理由而並未發生，則會公開宣告此事，雙方可以自由再婚。

39. 犯罪對話是通姦帶來的侵權。和別的男子的妻子上床的人等於是侵犯了對方的財產權，剝奪他妻子的「藉慰、陪伴和社群」，見 Baker, *An Introduction to English Legal History*, 456–457。這給了丈夫控告妻子的愛人財務損害的資格。

40. Gibson, Colin S. 1994. *Dissolving Wedlock*. London: Routledge, 67。這是 1871 年的薪資。

41. Stone, *Road to Divorce*, 432.

42. 在 1857 年，法定離婚的管轄權移交給世俗法庭，申請離婚的理由擴大，包含「沒有正當理由」遺棄超過兩年。

43. Stone 1990, *Road to Divorce*, 53.

44. Gibson, *Dissolving Wedlock*, 17。然而，如果在施行絕罰之後，教會法庭仍然沒辦法迫使對方繳款，就會將問題交給世俗的權威，可能將遺棄者監禁。更甚者，如果妻子因為丈夫無法提供撫養，而成為教區的負擔，丈夫可能因為忽視的罪名被濟貧助理依法處置，見 Stone, *Road to Divorce*, 195。

45. Menefee, *Wives for Sale*, 61–62。

46. Peaslee, R. J. 1902. "Separation Agreements under the English Law." *Harvard Law Review* 15:638–656。雖然世俗法庭從 1840 年代就開始穩定執行這類合約，宗教法庭一直到 1857 年不再干預婚姻相關的法律事務時，才終於承認其效力。

47. 見 Coase, R. H. 1960. "The Problem of Social Cost." *Journal of Law and Economics* 3:1–44.

48. 事實上，史巴克比我承認的還要正確。雖然缺少法定的財產權，但不代表個人在實務上一定無法行使部分的財產權（也就是談判的籌碼）。舉例來說，缺少法定財產權的妻子在婚姻的談判中依然握有籌碼，例如可以少做一點家事，逃避推託

工作，減少愛情方面的付出，或是廣義來說，做任何讓丈夫處境悽慘的事。當然，丈夫對應的方式（有部分的法律支持）可以是肢體或其他方式虐待妻子，或是禁錮她等等，讓她痛苦不堪。在這類的情況裡，妻子拍賣給了「開戰」的夫妻脫離困境的雙贏方式。

49. Menefee, *Wives for Sale*, 78.

50. 當然，丈夫追逐女色也可能造成夫妻想進行妻子拍賣的情況。當丈夫情歸別處時，妻子對他身為丈夫的價值極可能會大幅下降，想要脫離婚姻。因此，有位學者就指出，通姦似乎是「妻子拍賣最常見的理由……通常是妻子紅杏出牆，但並非絕對如此。」見 Menefee, *Wives for Sale*, 63。

51. *Illustrated Police News*, November 19, 1870.

52. *Times*, February 9, 1837。被拍賣妻子直接或間接出軌的證明在這個時期的資料中很常見，可以參考 *True Briton*, August 11, 1797、*Oracle and Public Advertiser,* July 20, 1797、*Leeds Mercury*, April 7, 1827、*Times*, September 23, 1834、*Times*, February 3, 1837、*Times*, July 15, 1837、Standard, December 29, 1843、*Times*, December 30, 1843、*Manchester Times and Gazette*, June 20, 1848、*Blackburn Standard*, December 15, 1852、Huddersfield Daily Chronicle, January 3, 1873、*Sheffield & Rotherham Independent*, May 2, 1882、*Illustrated Police News* etc., April 18, 1885、*Blackburn Standard: Darwen Observer, and North-East Lancashire Advertiser,* May 7, 1887。

53. *Illustrated Police News*, November 19, 1870。或是 Menefee, *Wives for Sale*, 2。

54. Menefee, *Wives for Sale*, 92.

55. 相關例子可以參考 *Liverpool Mercury etc.*, July 26, 1833、*Liverpool Mercury etc.*, April 6, 1849、*Lancaster Gazette and General Advertiser, for Lancashire, Westmorland, &c.,* December 6, 1806。

56. Menefee, *Wives for Sale*, 1.

57. 宗教權威對妻子拍賣的態度同樣混亂，有些人譴責其違法，但有些人似乎認可其合法，就算不用文字說明，也用行動表現。妻子拍賣能將需要救濟的妻子交給新的丈夫，減輕宗教權威需要負擔的社會福利沉重支出；因此，許多相關人是非但沒有懲處妻子拍賣，反而態度鼓勵，相關例子見 Menefee, *Wives for Sale*, 56; Stone, *Road to Divorce*, 51; Thompson, *Customs in Common,* 437。

58. 事實上，十九世紀早期的報紙曾做出這樣的結論：從發生的頻率看來，英國的法官要不是愚蠢無知，就是怠忽職守，見 *Times*, February, 25, 1832。

59. Menefee, *Wives for Sale*, 146。有學者指出，在 1814 年到 1815 年間，「妻子拍賣儀式的合法性在埃芬漢和多爾金教區不曾受到質疑」，相關資料請見 Thompson,

Customs in Common, 438。

60. 參見 *Illustrated Police News*, November 24, 1883。

61. Shanley, Mary Lyndon. 1982. " 'One Must Ride Behind': Married Women's Rights and the Divorce Act of 1857." *Victorian Studies* 25:355–376, 370.

62. 更甚者，這個法案放寬了妻子可以爭取法定離婚的條件，包含丈夫的通姦，以及加重的罪行如亂倫、重婚或暴力虐待，或者未有「合理解釋」就任意遺棄超過兩年以上，或是強暴、雞姦和人獸交。

63. Rubenstein, Joseph Samuel. 1882. *The Married Women's Property Act*, 1882 . . . London: Waterlow Bros. and Layton, 89–93.

64. Menefee, *Wives for Sale*.

65. 參見 ibid., 47.

66. 參見 Clark, Simon. 1999. "Law, Property, and Marital Dissolution." *Economic Journal* 109:C41–54.

TOUR STOP 4 **私密部位的公開使用**

1.「吉普賽」也可能指種族上非屬於羅姆尼民族，但皈依吉普賽信仰，並且為吉普賽社群接納為一分子的人。

2. 據信，羅馬尼人之所以被稱為「吉普賽」，是因為早期的羅姆尼移民宣稱自己來自「小埃及」。

3. 吉普賽人從這個時期開始就受到制裁，在某些國家，他們至今仍承受這樣的苦難。若想了解相關的歷史，可以參考 Hancock, Ian. 1987. *The Pariah Syndrome*. Ann Arbor, MI: Karoma。

4. 其他重要的社群包含芬蘭的加列人（Finnish Kaale），分布於北歐，我後面討論了；伊比利加列人（Iberian Kaale），分布於西班牙和鄰近國家；辛提人（Sinti），分布於歐洲的德語區；以及分布於英國的羅姆尼撤人（Romanichal）。

5. Sutherland, Anne Hartley. 2004. "Roma of the United States and Europe." In Carol R. Ember and Melvin Ember, eds., *Encyclopedia of Medical Anthropology: Health and Illness in the World's Cultures*, vol. 1. New York: Springer, 923–929。關於吉普賽人口總數的估計相差甚大，而且很不可靠，因為被問及時，他們很少承認自己是吉普賽人；和許多社會邊緣人類似，他們幾乎不會被包含在官方的人口普查之中，而官方也時常將吉普賽人和其他不同種族搞混。因此，我們要對這些數據抱持懷疑，但即使如此，根據某份估計，全世界有三百萬到一千五百萬吉普賽人，分布在四十個國家，參見

Weyrauch, Walter Otto, and Maureen Anne Bell. 1993. "Autonomous Lawmaking: The Case of the 'Gypsies.'" *Yale Law Journal* 103:323–399, 340. 據估，有十萬到三十萬的拉姆人住在美國，參見 Sutherland, "Roma of the United States and Europe."

6. 由 *bare* 和 *pure* 組成的領導階層可以互通，舉例來說，某位年長的 *baro* 若對於羅姆尼亞（吉普賽法律，我稍後會談到）有著令人尊敬的了解，他就可能成為 *puro*，並擔任 *krisnitori*（吉普賽法官，稍後也會談到）。

7. 吉普賽的信仰體系定義儀式性的純潔和不潔，或是道德或不道德的事物／行為，雖包含宗教和性靈上的層面，「主要卻強調巫術魔法的意涵」，參見 Trigg, Elwood B. 1973. *Gypsy Demons and Divinities. Secaucus*, NJ: Citadel Press, 27。由此觀之，吉普賽的信仰體系或許比較適合描述為民俗信仰，依附在吉普賽社群的接待社會中，比較主流的宗教之下。

8. 這些類別可能會互相交疊，舉例來說，根據羅姆尼亞，和糞便接觸可能會同時造成身體和性靈的汙染。

9. 我對於羅姆尼亞和吉普賽組織的描述，是根據（而且大部分符合）下列來源： Brown, Irving. 1929. "The *Gypsies in America*." *Journal of the Gypsy Lore Society* 8:145–176、Clébert, Jean-Paul. 1963. The Gypsies. Baltimore, MD: Penguin Books、Lee, Ronald. 1967. "The Gypsies in Canada." *Journal of the Gypsy Lore Society* 46:38–51、Yoors, Jan. 1967. *The Gypsies*. Long Grove, IL: Waveland Press、Trigg, *Gypsy Demons*、Gropper, Rena C. 1975.*Gypsies in the City*. Princeton, NJ: Darwin Press、Miller, Carol. 1975. "American Rom and the Ideology of Defilement." In F. Rehfisch, ed. *Gypsies, Tinkers and Other Travellers*. London: Academic Press、Sutherland, Anne. 1975. *Gypsies: The Hidden Americans*. Long Grove, IL: Waveland Press、Liégeois, Jean-Pierre. 1986. *Gypsies: An Illustrated History*. London: Al Saqi Books; Sway, Marlene. 1988. *Familiar Strangers: Gypsy Life in America*. Urbana: University of Illinois Press; Weyrauch and Bell, "Autonomous Lawmaking" ，和 Lee, Ronald. 1997. "The Rom-Vlach Gypsies and the Kris-Romani." *American Journal of Comparative Law* 45:345–392。

10. 參見 Fraser, Angus. 1992. *The Gypsies*. Oxford: Blackwell, 244。

11. 關於如何定義「吉普賽」，有許多爭議和討論，因為不可能「正確定義」（沒有所謂的「真正的吉普賽」），有些人甚至認為根本不應該試著定義。雖然我欣賞這個觀點，但為了許多理由（或至少是我個人的需求），我必須提出定義，或設法區別吉普賽和非吉普賽。最合理的定義或區分方式，就是根據羅姆尼亞裡對於純淨／不潔的信仰和規定，所以我最後選擇如此。

12. Sway, *Familiar Strangers*, 53–54.

13. 參見 Okely, Judith. 1983. *The Traveller-Gypsies*. Cambridge: Cambridge University Press, 82。這個案例中的吉普賽人是羅姆尼撒人，而非弗拉斯羅姆人；然而，其中涉及的羅姆尼亞是共通的。

14. Thompson, T. W. 1910. "Defilement by a Dog's Tongue." *Journal of the Gypsy Lore Society* 3:320.

15. 關於吉普賽人的經濟活動和策略，參見 Lauwagie, Beverly Nagel. 1979. "Ethnic Boundaries in Modern States: Romano Lavo-Lil Revisited." *American Journal of Sociology* 85:310–337、Williams, Patrick. 1982. "The Invisibility of the Kalderash of Paris: Some Aspects of the Economic Activity and Settlement Patterns of the Kalderash Rom of the Paris Suburbs." *Urban Anthropology* 11:315–346， 和 Silverman, Carol. 1982. "Everyday Drama: Impression Management of Urban Gypsies." *Urban Anthropology* 11:377–398。

16. Weyrauch and Bell, "Autonomous Lawmaking," 337.

17. 如果想看看對於吉普賽犯罪率的奇怪辯護，參見 Lee, "Gypsies in Canada."

18. 現代的羅姆人中，也常有濫用或詐領政府救濟的例子。

19. 吉普賽人或許會向相關單位推廣不讓占卜事業合法，以達到壟斷目的，可以參考 Tyrner-Stastny, Gabrielle. 1977. *The Gypsy in Northwest America*. Olympia: Washington State American Revolution Bicentennial Commission, 38。

20. 許多較小型、組成較單純的社會能運用社會驅逐作為統治手段，而不會面對這個問題，例如馬格里布（Maghribi）的商人，參見 Greif, Avner. 1989. "Reputations and Coalitions in Medieval Trade: Evidence on the Maghribi Traders." *Journal of Economic History* 49:857–882。這個社群以商業為主，因此，處罰合作關係中不誠實的成員不會帶來損失，反而會帶來益處。不誠實成員的債務人會因為將他剔除而直接獲利：他們可以保留原本要支付金額。而債權人則是間接得利：不再需要運送貨品給他（他大概本來就不打算付錢）。每個社群成員都有誘因懲罰不誠實的成員。吉普賽人就沒這麼幸運，不像馬格里布人，他們不是商業活動為主的社群，不會和每個社群成員之間都維持商業往來。因此，不是每個社群成員都能從驅逐中獲利（通常獲利者很少），特別是當被驅逐者不屬於某個社群經濟合作的核心時（例如 *kumpania*）。

21. 現代吉普賽人的流浪狀態已經不如過去；然而，這仍是他們生活型態和身分認同很重要的一部分。

22. 摘自 Brown, "*Gypsies in America*," 158。在過去，吉普賽人會透過在路邊排碎石子或在鄰近的樹上掛碎布料來互通訊息，但這樣的方式似乎難以傳遞違規者的身分。

23. 歷史上來說，吉普賽的社會在這方面和大部分小型、組成單純的社會不同，

可以和馬格里布人的社群對照比較，參考 Greif, Avner. 1993. "Contract Enforceability and Economic Institutions in Early Trade: The Case of the Maghribi Traders." *American Economic Review* 83:525–548。馬格里布的商人在地理位置上分布很分散，因此必須長距離傳遞成員違規的訊息，但他們都知道彼此的位置，所以連絡上問題不大，而吉普賽人卻通常不會知道。

24. Trigg, *Gypsy Demons*, 54.

25. 可以參考 Weyrauch, Walter O. 2001. "Oral Legal Traditions of Gypsies and Some American Equivalents." In Walter O. Weyrauch, ed., *Gypsy Law: Romani Legal Traditions and Culture*. Berkeley: University of California Press, 246, 263、Weyrauch and Bell, "Autonomous Lawmaking," 351、Trigg, *Gypsy Demons*, 55, 71.

26. Block, Martin. 1939. Gypsies: Their Life and Their Customs. New York: AMS Press, 14.

27. 在某些例子，吉普賽也允許女性出席、參與。

28. 每個 kris 所採行的具體流程都不同，會因為不同社群而異；但宏觀來說，模式很類似，法官會在法庭上監督社群成員的互動，並解決棘手的爭執衝突。他們會藉由成員的互動來得到共識，確認該如何解決問題，最後的判決則反映出這個結論。

29. Gropper, *Gypsies in the City*, 90.

30. Weyrauch and Bell, "Autonomous Lawmaking," 385.

31. Clébert, *The Gypsies*, 160–161. See also Thompson, "The Uncleanness of Women," 40.

32. Weyrauch and Bell, "Autonomous Lawmaking," 359.

33. 可以參考 Brown, "*Gypsies in America*," 165; Gropper, *Gypsies in the City*, 100.

34. Yoors, *The Gypsies*, 177.

35. Brown, "*Gypsies in America*," 165.

36. Ibid., 166. See also, Lee, "The Rom-Vlach Gypsies," 370.

37. Block, *Gypsies*, 176.

38. Yoors, *The Gypsies*, 6.

39. Grönfors, Martti. 1997. "Institutional Non-Marriage in the Finnish Roma Community and Its Relationship to Rom Traditional Law." *American Journal of Comparative Law* 45:305–327, 317.

40. Grönfors, Martti. 1986. "Social Control and Law in the Finnish Gypsy Community: Blood Feuding as a System of Justice." *Journal of Legal Pluralism* 24:101–125, 103.

41. 加列吉普賽人事實上還是會「結婚」和「離婚」，不過是隱密進行，沒有公開的認證。然而，由於正式的婚姻和離婚都不存在，離婚可能就會有弗拉斯人所沒

有的潛在問題，卻無法透過法庭來解決。

42. Grönfors, "Institutional Non-Marriage," 309。加列人不同的親族通常會在不同的地域從事經濟活動，並且把該地域視為自己所有。然而，這樣的模式和弗拉斯人不同，屬於非正式而策略性的；相反，弗拉斯人的是不同 kumpania 間的合約，能有效限制競爭。

43. Grönfors, "Institutional Non-Marriage," 317.

44. Miller, "American Rom," 46.

45. 可以參考 Grönfors, "Social Control and Law"；Acton, Thomas, Susan Caffrey, and Gary Mundy. 1997. "Theorizing Gypsy Law." American Journal of Comparative Law 45:237–249.

46. 雖然一般人都認為《血仇》就是血腥的鬥爭，但這樣的印象大部分是錯的；事實上，在過程中只有少數人真的死去。

47. 不盡然：舉例來說，年長的吉普賽婦女在大家庭的運作中扮演重要角色，也會參與家族成員婚姻的協商，而婚姻協商中可能會出現不被接受的錯誤行為。

48. 美國司法部與聯邦調查局於 2004 年公布的 Crime in the United States 2004。可以在以下網站上查詢：http://www.fbi.gov/ucr/cius_04/persons_arrested/table_38–43.html。

49. Miller, "American Rom," 43.

50. Weyrauch and Bell, "Autonomous Lawmaking," 343.

51. Sutherland, Gypsies, 263.

52. Okely, The Traveller-Gypsies, 168. See also Sutherland, Gypsies, 262.

53. Lee, "The Rom-Vlach Gypsies and the Kris-Romani," 381.

54. Ibid., 384.

55. Ibid., 390.

56. Weyrauch and Bell, "Autonomous Lawmaking," 357.

57. Lee, "The Rom-Vlach Gypsies and the Kris-Romani," 360.

TOUR STOP 5　上帝的詛咒——天殺的

1. 然而，無論是「法蘭西」或「法國」都無法精確描述此處討論的地域，而歷史學家 Little 提供了比較精準的描述：「討論的區域……從羅亞爾河南方大約一百二十英里的夏朗德谷地向西北延伸，直到萊茵河谷地。」摘自：Little, Lester K. 1993. Benedictine Maledictions: Liturgical Cursing in Romanesque France. Ithaca, NY:

Cornell University Press, xiv。

2. Little, *Benedictine Maledictions*. See also Little, Lester K. 1975. "Formules monastiques de malédiction au IXe et Xe siècles." *Revue Mabillon* 58:377–399; Little, Lester K. 1979. "La morphologie des malédictions monastiques." *Annales* 34:43–60; Little, Lester K. 1998. "Anger in Monastic Curses." In Barbara H. Rosenwein, ed. *Anger's Past: The Social Uses of an Emotion in the Middle Ages*. Ithaca, NY: Cornell University Press; Geary, Patrick J. 1979. "L' humiliation des saints." *Annales* 34:27–42; Geary, Patrick J. 1991. Furta Sacra: Thefts of Relics in the Central Middle Ages. Princeton: Princeton University Press; Geary, Patrick J. 1995. *Living with the Dead in the Middle Ages*. Ithaca, NY: Cornell University Press; Rosenwein, Barbara H., Thomas Head, and Sharon Farmer. 1991. "Monks and Their Enemies." *Speculum* 66:764–796; Bitel, Lisa M. 2000. "Saints and Angry Neighbors: The Politics of Cursing in Irish Hagiography." In Sharon Farmer and Barbara H. Rosenwein, eds., *Monks and Nuns*, Saints and Outcasts: Religion in Medieval Society. Ithaca, NY: Cornell University Press.

3. Little, *Benedictine Maledictions*, 9.

4. 技術上來說，「叫囂」並不是詛咒，但僧侶會用叫囂來達到類似詛咒的效果，有時也會結合適當的詛咒。

5. Little, *Benedictine Maledictions*, 28.

6. Ibid., 23.

7. 關於中世紀的絕罰，可以參考 Vodola, Elizabeth. 1986. *Excommunication in the Middle Ages*. Berkeley: University of California Press.

8. Little, *Benedictine Maledictions*, 43.

9. 可以參考 Dunbabin, Jean. 1985. *France in the Making*, 843–1180. Oxford: Oxford University Press; Bisson, Thomas N. 1994. "Feudal Revolution." *Past and Present* 142:6–42.

10. Little, *Benedictine Maledictions*, 53.

11. 可以參考 Rosenwein, Head, and Farmer, "Monks and their Enemies," 771。詛咒並不是僧侶或修士的社群唯一能用來保護財產的方式，不過卻是最主要的。

12. Little, *Benediction Maledictions*, 9.

13. Ibid., 60.

14. Ibid., 25.

15. Ibid., 56.

16. 即便這樣的強人真的相信聖經和聖經對偷盜的禁令，也不代表他不會覬覦教會的財產。他或許不覺得自己是偷竊，而是收復合法歸他所有的財產，或是找到其

他在上帝眼中合理的藉口。就算他將自己的行為視為偷竊，如果其中能帶來現世的好處勝於上帝死後的懲罰，或許他仍會選擇偷竊。無論是哪一種情況，詛咒都會讓取得財產的預期成本增加，而且將成本的大部分都從死後轉移到現世，大幅降低強人從教會處掠奪的可能性。

　　17. 聖經詩篇是聖經詛咒的一大溫床，可以參考下列的篇章：35:6、35:8、55:15、69:22、69:23、69:25、69:28、83:17、109:8、109:9、109:10、199:11、109:12、109:13、140:10。關於詩篇中詛咒的討論，可以參考 Curraoin, Tomás Ó. 1963. "The Maledictions in the Psalms." *Furrow* 14:421–429。

　　18. Little, *Benedictine Maledictions*, 60–61.

　　19. Geary, *Living with the Dead in the Middle Ages*, 96。詛咒的效果由人們的信仰而定，財產的覬覦者可能會有誘因發展對僧侶詛咒的質疑，或更廣泛來說，不再相信聖經和基督宗教；但我沒有發現任何這麼做的證據。這不代表自我欺騙不可能，或是沒有發生過，但刻意改變自己的宗教信仰很困難。想要放棄信仰的基督信徒會面對時間不一致性的問題：當他考慮這麼做時，還是相信未來失去信仰後，自己會受到詛咒天譴。如果要刻意放棄基督信仰，必須是已經抱持了充分的懷疑才有可能。

　　20. Little, *Benedictine Maledictions*, 56.

　　21. 事實上，有些詛咒稍微具體一些，比較有可能會被拆穿。舉例來說，其中一則是：「但願他們的內臟被排空，就像毫無信仰、不快樂的阿里烏斯一樣。」另一則說：「但願他們和野狗與驢子一起掩埋，願惡狼吞噬他們的屍骨。」摘自：Little, *Benedictine Maledictions*, 36, 47。但這些詛咒還是有許多模糊的空間（「嘿，我的內臟什麼時候要被排空啊？」）而且應許的懲罰會發生在詛咒的對象死後（從地獄深處仰望自己的墳墓：「嘿，他們不是開玩笑的，惡狼真的在吃我的屍骨！」）更甚者，提出較為具體內容的詛咒，通常也會再包含一些一點也不具體的。

TOUR STOP 6 　**毒死一隻雞？**

　　1. 可以參考 Evans-Pritchard, E. E. 1937. *Witchcraft, Oracles and Magic among the Azande.* Oxford: Oxford University Press 或是 Evans-Pritchard, E. E. 1928. "Oracle-Magic of the Azande." *Sudan Notes and Records* 11:1–53、Evans-Pritchard, E. E. 1929. "Witchcraft (*Mangu*) amongst the A-Zande." *Sudan Notes and Records* 12:163–249、Evans-Pritchard, E. E. 1932. "The Zande Corporation of Witchdoctors." *Journal of the Royal Anthropological Institute of Great Britain and Ireland* 62:291–336、Evans-Pritchard, E. E. 1933. "The Zande Corporation of Witchdoctors." *Journal of the Royal Anthropological Institute*

of Great Britain and Ireland 63:63–100、Evans-Pritchard, E. E. 1935. "Witchcraft." *Africa* 8:417–422、Evans-Pritchard, E. E. 1960. "A Contribution to the Study of Zande Culture." *Africa* 30:309–324、Evans-Pritchard, E. E. 1960. "The Organization of a Zande Kingdom." *Cahiers d'Études Africaines* 1:5–37、Evans-Pritchard, E. E. 1963. "A Further Contribution to the Study of Zande Culture." *Africa* 33:183–197、Evans-Pritchard, E. E. 1963. "The Zande State." *Journal of the Royal Anthropological Institute of Great Britain and Ireland* 93:134–154、Evans-Pritchard, E. E. 1965. "A Final Contribution to the Study of Zande Culture." *Africa* 35:1–7、Evans-Pritchard, E. E. 1971. *The Azande: History and Political Institutions*. Oxford: Clarendon Press。

2. 當然，這不代表其他社會中所使用的神諭都擁有和阿贊德人的本奇相同的特色或功能。舉例來說，歷史上最有名的神諭或許是希臘的德爾菲神諭（Oracle of Delphi），特色和功能就截然不同。關於德爾菲神諭的經濟學討論，可以參考 Iannaccone, Laurence R., Colleen E. Haight, and Jared Rubin. 2011. "Lessons from Delphi: Religious Markets and Spiritual Capitals." *Journal of Economic Behavior and Organization* 77:326–338.

3. 可以參考 Santandrea, Fr. S. 1938. "Evil and Witchcraft among the Ndogo Group of Tribes." *Africa* 11:459–481、White, C. M. N. 1948. "Witchcraft Divination and Magic among the Balovale Tribes." *Africa* 18:81–104、Retel-Laurentin, Anne. 1969. *Oracles et Ordalies chez les Nzakara*. Paris: Mouton、Almquist, Alden. 1991. "Divination and the Hunt in Pagibeti Ideology." In Philip M. Peek, ed., *African Divination Systems*. Bloomington: Indiana University Press、Bascom, William R. 1941. "The Sanctions of Ifa Divination." *Journal of the Royal Anthropological Institute of Great Britain and Ireland* 71:43–54、Gray, Natasha. 2001. "Witches, Oracles, and Colonial Law: Evolving Anti-Witchcraft Practices in Ghana, 1927–1932." *International Journal of African Historical Studies* 34:339–363、Zeitlyn, David. 1993. "Spiders In and Out of Court, or, 'The Long Legs of the Law': Styles of Spider Divination in their Sociological Contexts." *Africa* 63:219–240。

4. 我這裡所討論的是阿贊德人在層級較低的小衝突中使用神諭的例子，而不考慮政治統治者用神諭來決定「國家大事」的案例。

5. 幾乎所有的一般人都偶爾會被控告使用巫術；然而，時常受到質疑的人可能會發展出巫師的名聲，並受到另眼看待。

6. Evans-Pritchard, *Witchcraft, Oracles and Magic*, 107.

7. 參照 Mair, Lucy. 1974. *African Societies*. Cambridge: Cambridge University Press, 224。事實上，本奇的進行一共有三個角色，由三個不同的人扮演：毒劑的擁有者、神諭執行者（準備毒劑，並對雞下毒），以及詢問者（對本奇提出問題）。實務上，擁

有者和詢問者幾乎都是同一個人。為了更清楚解釋神諭的使用，我的討論假定三種角色都是同一個人的情況。

8. Evans-Pritchard, "Witchcraft," 421.

9. Evans-Pritchard, *Witchcraft, Oracles and Magic*, 100.

10. Evans-Pritchard, "Witchcraft," 420.

11. 就像駕駛的例子一樣，我假設鄰居雙方同時選擇自己採取的行動，或是在選擇的當下，不知道對方的選擇（兩者意義相同）。

12. 參考 Wagner, Günter. 1937. "Witchcraft among the Azande." *Journal of the Royal African Society* 36:469–476, 472.

13. Evans-Pritchard, *Witchcraft, Oracles and Magic*, 330.

14. 我說「理論上」因為還是有操縱的可能性，但我稍後也討論到，沒有阿贊德人會實際上動手腳，因為他們對本奇神諭信仰堅定，而且心懷敬畏。借用伊凡‧普里查的話：「人們不會對毒劑動手腳，但這不是因為他們認為不可能在讓雞隻服毒後改變結果。」Ibid., 328。

15. 然而，毒劑的量和雞隻體型對於神諭結果的重要性可能不如我們想像的大。根據伊凡‧普里查的研究觀察，「很顯然，劑量不是決定致死性的唯一原因，在服毒的八隻雞裡，有三隻服下一劑就死亡，另外五隻在兩劑之後仍然活著。」同樣的，「體型似乎也不是決定性的因素，因為上述的例子裡，有一隻體型迷你的雞在兩劑之後活著，另一隻大上許多的雞在一劑之後就已經死亡。而在所有雞隻裡體型最大、發展最好的，在兩劑之後反應嚴重，雖然最後康復；而一隻很小的雞在同樣的劑量下，幾乎沒有任何不適的反應。我常看到在同樣的劑量下，體型大的雞隻死去，體型小的卻沒事。」Ibid., 326。阿贊德人之所以選擇在本奇中使用這種毒劑，似乎就是因為其受到體型和劑量的影響很小。

16. Ibid., 323.

17. Ibid.

18. Ibid., 336.

19. Ibid., 330.

20. Ibid., 328.

21. Douglas, Mary. 1966. *Purity and Danger*. London: Routledge, 128.

22. Evans-Pritchard, *Witchcraft, Oracles and Magic*, 123.

23. 如果這樣的情形真的發生，阿贊德人可以要求第三次神諭，請社群裡受到信任的成員或酋長來做出最終判定。一般來說，私人間的本奇不會受到政治干預，在這裡卻可能發生。

24. Wagner, "Witchcraft among the Azande," 472.

25. Evans-Pritchard, "Oracle-Magic of the Azande," 21, 49。這區分了本奇神諭和其他阿贊德人的神諭方式，他們有時會用其他較次級的方式來諮詢各種事項，但在他們的信仰裡，其他神諭都有出錯的可能性，如果徵詢了，還得用本奇來確認，才能得到最終的答案。

26. Evans-Pritchard, *Witchcraft, Oracles and Magic*, 89.

27. Ibid., 96–97.

28. 殖民並沒有摧毀阿贊德人的政治組織，反而是在其中加入殖民國的立法和司法組織。殖民國的法律過了數十年之後，才對阿贊德人的社會造成比較明顯的影響。在伊凡 - 普里查待的幾年中，有些改變顯而易見，但在庶民階級，阿贊德社會的運行方式和殖民前並無二致。舉例來說，私人的神諭使用（官方則不然）還是相當重要，不受影響。關於阿贊德社會受到殖民影響的部分，以及較長遠的觀察，可以參考 Reining, Conrad C. 1966. *The Zande Scheme*. Evanston, IL: Northwestern University Press。

29. Evans-Pritchard, *Witchcraft, Oracles and Magic*, 101.

30. Evans-Pritchard, "Witchcraft (Mangu) amongst the A-Zande," 201.

31. Ibid., 199.

32. Ibid., 248.

33. Douglas, *Purity and Danger*, 128.

TOUR STOP 7　**小蟋蟀吉明尼的地獄之旅**

1. 網站連結如下： http://www.youtube.com/watch?v=HAlnUnw1WSI。

2. 我只討論教會的害蟲審判，並且參考了愛德華・佩森・伊凡斯的觀點： Evans, E. P. 1906. *The Criminal Prosecution and Capital Punishment of Animals*. New York: Dutton。也 可 以 參 照 Anonymous. 1880. "Animals as Offenders and as Victims." *Albany Law Journal* 21:265–267、Westermarck, Edward. 1906. *The Origin and Development of the Moral Ideas*, vol. 1. New York: Macmillan、Carson, Hampton L. 1917. "The Trial of Insects: A Little Known Chapter of Medieval Jurisprudence." Proceedings of the American Philosophical Society 56:410–415、McNamara, Joseph P. 1927–1928. "Animal Prisoner at the Bar." *Notre Dame Lawyer* 3:30–36、Weiss, Harry B. 1937. "The Criminal Prosecution of Insects." Journal of the New York Entomological Society 45:251–258、Beach, Frank A. 1950. "Beasts before the Bar." Natural History Magazine 59:356–359、Beirnes, Piers. 1994. "The Law Is an Ass: Reading E. P. Evans'*The Medieval Prosecution and Capital*

Punishment of Animals." Society and Animals 2:27–46、Humphrey, Nicholas. 2002. *The Mind Made Flesh: Essays from the Frontiers of Psychology and Evolution*. Oxford: Oxford University Press、Girgen, Jen. 2003. "The Historical and Contemporary Prosecution and Punishment of Animals." *Animal Law* 9:97–13。我在這裡不討論家畜（例如狗或豬）的審判，這樣的審判會發生在世俗法庭。這些例子常會和我討論的害蟲審判並列，可以參考 Evans, *Criminal Prosecution of Animals*; Finkelstein, J. J. 1981. "The Ox That Gored." *Transactions of the American Philosophical Society* 71:1–89。無生物的審判有時也會和害蟲審判一起討論，可以參考 Hyde, Walter Woodburn. 1916. "The Prosecution and Punishment of Animals and Lifeless Things in the Middle Ages and Modern Times." *University of Pennsylvania Law Review* 64:696–730、Hyde, Walter Woodburn. 1917. "The Prosecution of Lifeless Things and Animals in Greek Law: Part I." *American Journal of Philology* 38:152–175、Hyde, Walter Woodburn. 1917. The Prosecution of Lifeless Things and Animals in Greek Law: Part II." *American Journal of Philology* 38:285–303、Pietz, William. 1997. "Death of the Deodand: Accursed Objects and the Money Value of Human Life." ReS: Anthropology and Aesthetics 31:97–108。關於羅馬法律中對動物的審判，可以參考 Jackson, Bernard S. 1978. "Liability for Animals in Roman Law: A Historical Sketch." *Cambridge Law Journal* 37:122–143。

　　3. 關於十四世紀法國的集體訴訟，可以參考 Cheyette, Frederic. 1962. "Procurations by Large-Scale Communities in Fourteenth-Century France." *Speculum* 37:18–31，和 Lewis, P. S. 1968. *Later Medieval France*. New York: St. Martin's Press, 279–280。

　　4. 可以參考 Dannenfeldt, Karl H. 1982. "The Control of Vertebrate Pests in Renaissance Agriculture." *Agricultural History* 56:542–559。當時，也有些比較有效的害蟲控制方法，例如捕鼠的陷阱或毒藥。但即使這些也透露出無知：其中一本防治手冊推薦用奶油來毒死老鼠。

　　5. Dannenfeldt, "Control of Vertebrate Pests," 558.

　　6. Ibid., 555。如果和同期知識分子相比，現代早期的一般人民對害蟲的迷信其實不算嚴重。舉例來說，菁英分子相信歐洲大陸女巫橫行，會與惡魔交媾，並趁男性睡著時偷走他們的生殖器官。和這相比，農民相信神能終結蟲害似乎只是小巫見大巫了。

　　7. Evans, *Criminal Prosecution of Animals*, 18.

　　8. Ibid., 117.

　　9. Ibid., 96–97.

　　10. Ibid., 112.

11. Cohen, Esther. 1993. The Crossroads of Justice: Law and Culture in *Late Medieval France*. Leiden: E. J. Brill, 120.

12. Evans, *Criminal Prosecution of Animals*, 98–99.

13. Ibid., 32–33.

14. Ibid., 110–111。這起害蟲審判發生在法國、義大利、瑞士的區域之外，在德國的美因茨（Mainz）。

15. Jamieson, Philip. 1988. "Animal Liability in Early Law." Cambrian Law Review 19:45–68, 51.

16. Dinzelbacher, Peter. 2002. "Animal Trials: A Multidisciplinary Approach." *Journal of Interdisciplinary History* 32:405–421, 410.

17. Evans, *Criminal Prosecution of Animals*, 107.

18. 關於早期什一稅的歷史，特別是英格蘭的部分，可以參考 Clarke, Henry W. 1887. *The History of Tithes from Abraham to Queen Victoria*. London: George Redway。關於義大利早期什一稅的歷史，參考 Boyd, Catherine E. 1946. "The Beginnings of the Ecclesiastical Tithe in Italy." *Speculum* 21:158–172。關於什一稅更多的歷史和規定，可以參考 Lansdell, Henry. 1906. *The Sacred Tenth, or, Studies in Tithe-Giving, Ancient and Modern*, vol. 1. London: Society for Promoting Christian Knowledge。

19. Scott, James C. 1987. "Resistance without Protest and without Organization: Peasant Opposition to the Islamic *Zakat* and the Christian Tithe." *Comparative Studies in Society and History* 29:417–452, 439.

20. Le Roy Ladurie, Emmanuel, and Joseph Goy. 1982. Tithe and Agrarian History from the Fourteenth to the Nineteenth Centuries. Cambridge: Cambridge University Press, 15。也可以參考 Le Roy Ladurie, Emmanuel. 1987. The Royal French State, 1469–1610. Oxford: Blackwell, 39, 157、Beik, William. 2009. A Social and Cultural History of Early Modern France. Cambridge: Cambridge University Press, 49。

21. 關於十六、十七世紀法國布雷斯什一稅的政策細節，可以參考 Vester, Matthew. 2004. "The Bresse Clergy Assembly and Tithe Grants, 1560–80." *Sixteenth Century Journal* 35:771–794、Vester, Matthew. 2010. "Who Benefited from Tithe Revenues in Late-Renaissance Bresse?" *Catholic Historical Review* 96:1–26。

22. Le Roy Ladurie and Goy, Tithe and Agrarian History, 27. See also Scott, "Resistance without Protest," 444–446、Vester, "Who Benefited from Tithe Revenues," 11.

23. Scott, "Resistance without Protest," 444–445.

24. 關於絕罰的歷史，參見 Lea, Henry C. 1869. *Studies in Church History: The Rise*

of Temporal Power, Benefit of Clergy, Excommunication. London: Sampson Low, Son, and Marston，或是 Vodola, *Excommunication in the Middle Ages*。

25. 教會可以針對特定個人、整個社群（禁令）或所有牽涉特定行為的人，操縱超自然制裁的效果。舉例來說，無論教會是否將個人判定為異教徒，異端者如果接受異端思想，就會受到絕罰。這樣的懲罰稱為「excommunication *latae sententiae*」，絕罰的是「現行犯」。絕罰或詛咒後可能有正式的宣布，但只是向大眾宣告受罰者的靈魂狀態而已。教宗和主教有權利定義罪惡，執行絕罰和詛咒，層級較低的教會人員則在前者的管理下進行超自然的制裁，前者會透過主教會議或一般的會議來賜予他們施行的許可。

26. 在現代早期的某些時段和地點，傳統對於農業什一稅的稅收已經不重要，或根本不存在。在這些例子，教會靠的是「聖禮什一稅（sacramental tithe）」來收益，會在復活節聖餐禮、施洗、喪禮等場合收費，參見 Torre, Angelo. 1992. "Politics Cloaked in Worship: State, Church and Local Power in Piedmont 1570–1770." *Past and Present* 134:42–92, 54. 當然，信仰薄弱或沒有信仰的人不會參加聖禮，也就不會付這些稅。因此，教會透過超自然制裁來提升信仰對於收益來說，依然至關緊要。

27. 參見 Baumgartner, Frederic J. 1995. France in the Sixteenth Century. New York: St. Martin's Press, 35、Lansdell, *The Sacred Tenth*, 229、Tanner, Norman P., ed. and trans. 1990. *Decrees of the Ecumenical Councils: From Nicea I to Vatican II*. Washington, DC: Georgetown University Press、Tausiet, María. 2003. "Excluded Souls: The Wayward and Excommunicated in Counter-Reformation Spain." *History* 88:437–450, 441、Waterworth, J., trans. 1848. *The Canons and Decrees of the Sacred and Oecumenical Council of Trent*. London: Burns & Oates, 269.

28. Villien, Antonine. 1915. *A History of the Commandments of the Church*. St. Louis: B. Herder, 348–349.

29. Jackson, Samuel Macauley, ed. 1911. *The New Schaff-Herzog Encyclopedia of Religious Knowledge*, vol. 9. New York: Funk and Wagnalls, 454.

30. 參見 Lansdell, *The Sacred Tenth*, 191.

31. Tanner, *Decrees of the Ecumenical Councils*, 258.

32. Ibid., 256.

33. Lansdell, *The Sacred Tenth*, 196.

34. Cameron, Euan. 1984. *The Reformation of the Heretics: The Waldenses of the Alps, 1480–1580*. Oxford: Clarendon Press, 94.

35. Audisio, Gabriel. 1999. *The Waldensian Dissent: Persecution and Survival c.1170–c.1570*. Cambridge: Cambridge University Press, 97.

36. Cameron, *Reformation of the Heretics*, 81.

37. Ibid.

38. Audisio, *The Waldensian Dissent*, 55.

39. Cameron, *Reformation of the Heretics*, 82.

40. Audisio, *The Waldensian Dissent*, 55.

41. Cameron, *Reformation of the Heretics*, 73.

42. Audisio, *The Waldensian Dissent*, 58.

43. Russell, Jeffrey Burton. 1972. *Witchcraft in the Middle Ages*. Ithaca, NY: Cornell University Press, 220.

44. Russell, *Witchcraft in the Middle Ages*, 243.

45. Ibid., 220.

46. Vizetelly, Henry. 1882. *A History of Champagne*. London: Henry Sotheran, 24–25.

47. Evans, *Criminal Prosecution of Animals*, 107. See also Dinzelbacher, "Animal Trials," 409.

48. Evans, *Criminal Prosecution of Animals*, 42.

49. Hyde, "Prosecution and Punishment of Animals," 705.

50. Jamieson, "Animal Liability in Early Law," 51.

51. Evans, *Criminal Prosecution of Animals*,112–113.

52. Finkelstein, "The Ox That Gored," 64.

53. Evans, *Criminal Prosecution of Animals*, 105.

54. Jamieson, "Animal Liability in Early Law," 52.

55. 我的地圖包含了 1450 年到 1700 年歐洲的害蟲審判，但這些區域和時間之外的例子也存在，包含十七世紀晚期的加拿大、十八世紀早期的丹麥、十八世紀早期的巴西、十九世紀早期的丹麥，以及十九世紀下半葉的克羅埃西亞（兩次）。

56. 伊凡的書是以他二十二年前出版的文章為基礎，並加深加廣，參見 Evans, E. P. 1884. "Bugs and Beasts before the Law." *Atlantic Monthly* 54:235–246, and Evans, E. P. 1884. "Medieval and Modern Punishment." *Atlantic Monthly* 54:302–308.

57. 若想更了解瓦爾多派、他們在此區的分布和對於迫害的抗拒，可以參考 Cameron, *Reformation of the Heretics*; Cameron, Euan. 2000. *Waldenses: Rejections of the Holy Church in Medieval Europe*. Oxford: Blackwell、Treesh, Susanna K. 1986. "The Waldensian Recourse to Violence." *Church History* 55:294–306、Audisio, Gabriel. 1990. "How to Detect a Clandestine Minority: The Example of the Waldenses." *Sixteenth Century Journal* 21:205–216、Audisio, *The Waldensian Dissent*。　或　是 Tice, Paul. 1829.

History of the Waldenses, from the Earliest Period to the Present Time. Philadelphia: American Sunday School Union、Beattie, William. 1838. *The Waldenses, or, Protestant Valleys of Piedmont, Dauphiny, and the Ban de la Roche*. London: George Virtue.

58. 除了普利亞（Apulia）和卡拉布里亞（Calabria）之外，這些區域長久以來都是異教徒的集中地，請見 Audisio, *The Waldensian Dissent*, 33, 61.

59. Carlson, I. Marc. 2004. "Witchcraft Trials"，網址：http://www.personal.utulsa.edu/marc-carlson/carl4.html.

60. Russell, *Witchcraft in the Middle Ages*, 248.

61. Ibid., 219.

62. 更甚者，天主教並未壟斷女巫審判。在宗教改革後，新教徒也會如此。我無法判定那些審判是由新教徒而非天主教舉行，所以我的資料包含了所有的女巫審判。

63. Russell, *Witchcraft in the Middle Ages*, 268.

64. Cohen, Esther. 1986. "Law, Folklore, and Animal Lore." *Past and Present* 110:6–37, 33. See also Jamieson, "Animal Liability in Early Law," 51; Dinzelbacher, "Animal Trials," 410.

65. 參見 Le Roy Ladurie, Emmanuel. 1974. The Peasants of Languedoc. Urbana: University of Illinois Press.

66. Nicholls, David. 1984. "The Social History of the French Reformation: Ideology, Confession and Culture." Social History 9:25–43, 37.

67. 在 1529 年，里昂有一次拒繳什一稅的抗爭，然而，在當地的害蟲審判約出現在 1500 年，或許是教會察覺到信仰衰弱，試圖強化。

68. Garrisson, Janine. 1995. *A History of Sixteenth-Century France, 1483–1598: Renaissance, Reformation and Rebellion*. London: Macmillan, 4.

69. Ibid., 115.

70. Small, Graeme. 2009. *Late Medieval France*. New York: Palgrave Macmillan, 45.

71. 我將這些例子劃分如下：九世紀法國的毒蛇審判是 851 年到 900 年；十四世紀德國的蒼蠅審判是 1301 年到 1350 年；十五世紀瑞士的三場審判（毛毛蟲、蚯蚓和甲蟲）是 1451 年到 1500 年。

72. Garrisson, *A History of Sixteenth-Century France*, 10, 15.

TOUR STOP 8　打架能解決一切

1. 如果我沒記錯，這個競賽叫「Book It！」似乎全國都有舉辦，所以或許你們

有些人也有印象。

2. 在中世紀的文獻中，決鬥審判通常稱為「*duellum*」（或《末日審判書》中的「*bellum*」）。而後的評論則都稱為「決鬥審判」或「司法決鬥」，所以我決定從善如流。

3. 我要探討的是英國司法系統用來解決土地糾紛的案子，而非刑事方面的案件，我也不考慮英國騎士法庭用來處理侮辱榮譽、叛國或海外刑案的決鬥。若想深入了解刑事案件方面的決鬥審判，可以參考 Russell, M. J. 1980. "II Trial by Battle and the Appeals of Felony." *Journal of Legal History* 1:135–164；關於騎士法庭的決鬥，參考 Russell, M. J. 2008. "Trial by Battle in the Court of Chivalry." *Journal of Legal History* 29:335–357；關於決鬥審判在英國或其他國家的歷史和應用，請見 Selden, John. 1610. *The Duello or Single Combat*. London: Printed by G. E. for I. Helme、Gibson, William Sidney. 1848. *On Some Ancient Modes of Trial, Especially the Ordeals of Water, Fire, and Other Judicia Dei*. London: Printed by J. B. Nichols and Son、Nielson, George. 1891. *Trial by Combat*. New York: Macmillan。關於英國以外的法庭決鬥，且與土地爭執無關者，請見 Howland, *Ordeals*。

4. 1179 年之前，極少數的土地爭議案，會用單方面的神判法、證人調查、百戶區法院或類似陪審團的方式來解決。相關例子可以參考 Caenegem, R. C. van, ed. 1990–1991. *English Lawsuits from William I to Richard I*. 2 vols. London: Selden Society, 50–51, 82.

5. 十二世紀中的某個時期，如果少了令狀，就不可能興起土地訴訟。Watkin, Thomas Glyn. 1979. "Feudal Theory, Social Needs and the Rise of the Heritable Fee." *Cambrian Law Review* 10:39–62.

6. 原告申請令狀也需要特定的法庭審理，可能是領主、郡或皇室法庭。

7. 對於土地糾紛的決鬥審判，我們較詳細的資料都在十一和十二世紀之後，但大致的特徵在每個時間點都相似。

8. Russell, M. J. 1959. "Hired Champions." *American Journal of Legal History* 3:242–259, 243.

9. Ibid.

10. Ibid

11. 法律甚至根本沒想要在理論上對被告鬥士的人選做出限制。和原告不同，被告最早可以選擇親自下場戰鬥，但他們幾乎不會這樣做。稍後，法律禁止了這個選項，規定被告也要雇用鬥士。

12. Russell, "Hired Champions," 257。在 1275 年，法官廢除了原告鬥士應為見證人的規定。羅素認為，越是古早的案子裡，原告的鬥士是見證人的機率就越高。"Hired Champions," 243.

13. 他們同樣得承諾沒有在體內隱藏符咒或使用巫術。

14. Russell, M. J. 1983. "Trial by Battle Procedure in Writs of Right and Criminal Appeals." *Law and History Review* 51:123–134, 126.

15. Russell, "Trial by Battle Procedure," 126。這個禁令出現在十七世紀一起刑案的決鬥審判中。

16. Ibid., 127. 這個宣告為十三世紀一場決鬥審判做了結。

17. Russell, M. J. 1980. "I Trial by Battle and the Writ of Right." *Journal of Legal History* 1:111–134, 116, 123. 也可以參考 Lea, *Superstition and Force*, 122。畢竟，至少在理論上，原告的鬥士應該要是見證人；同樣在理論上，輸掉決鬥（也就是輸掉法律）的鬥士無法再成為代表原告的鬥士（但似乎還是可以代表被告）。然而，法院似乎一開始就無意執行原告鬥士要是見證人的規定，我們也合理懷疑他們不會（或是無法）執行第二條規定。

18. 正式來説，盎格魯日耳曼時期隨著史第芬一世（Stephen I）的統治在 1154 年結束而終止，隨之而來的是安茹王朝。因此，這裡決鬥審判存續的時間（1066–1179）和兩個朝代都有重疊。雖然重疊而有些用詞不夠精確，但我說的「日耳曼英格蘭」或「盎格魯英格蘭」，指的都是 1066 年到 1179 年的英格蘭。

19. 技術上來說，在封建關係的情境下談土地所有權不盡正確，應該是土地使用權或持有權。我後面也説過，土地所有權到十二世紀晚期和十三世紀早期才真的出現。因此，前面討論的土地「所有權」和「購買販賣」，應該都要從土地的使用或持有來看待，買賣的實際上是這兩種土地的權利。

20. 如果想要知道替代、采邑分封和讓渡相關的問題，請參考 Baker, *An Introduction to English Legal History*.

21. 封建的財產制度還有另一個和土地讓渡相關的問題：領主讓渡土地的決定，會損害到他的佃戶，讓他們附屬於新領主。因此，有些規定限制了這樣的讓渡，例如若新領主是佃戶的敵人，就不能逼迫佃戶為其效力。

22. 教會（本身就是大地主）有自己對於土地讓渡的規定。若要讓渡教會的土地，土地持有人需要取得高階教士等的同意。Cheney, Mary. 1985. "Inalienability in Mid-Twelfth-Century England: Enforcement and Consequences." In Stephan Kuttner and Kenneth Pennington, eds. *Proceedings of the Sixth International Congress of Medieval Canon Law*. Vatican City: Biblioteca Apostolica Vaticana.

23. Palmer, Robert C. 1985. "The Economic and Cultural Impact of the Origins of Property: 1188–1220." *Law and History Review* 3: 75–396, 387.

24. Russell, "Hired Champions," 259.

25. Ibid., 246.

26. Ibid., 254. 如果打敗對手，斯摩里爾的合約只支付他八英鎊，如果輸了，就什麼也拿不到。然而，即使像亨頓這樣對於雇主極度有利的合約，雇用鬥士還是會有無法回收的成本。舉例來說，亨頓在斯摩里爾獲勝時，答應支付他一部分的財產，所以必須先有所抵押，這樣的成本或許很低，但無論斯摩里爾的決鬥結果如何，都無法回收了。

27. Ibid., 254–256.

28. Ibid., 246.

29. Ibid., 255.

30. 如果無法接觸信貸市場，佃農或許也能請領主出錢，幫他雇用適當的鬥士。如果在領主的眼中，這位佃農對於爭議的土地價值較高，或許會欣然同意。在這樣的情況下，如果佃農輸掉官司，領主也會蒙受損失，因為贏的一方對土地的生產力較低，能提供領主的價值也就較低。假如在領主眼中，這位佃農的價值並不高，或許就不願意幫忙雇用好的鬥士，而佃農失去土地的機率也較高。但這樣的結果是符合效益的，因為生產力較高的人通常會贏得土地。是以，在決鬥審判中，領主的行動如果能讓土地的利用更有效益，他也能從中獲益。

31. Russell, "I Trial by Battle," 120，法律同樣也限制決鬥審判只能用在土地價值超過五十便士的案件，並禁止某些城鎮舉行決鬥。

32. 這個例子代表的就是經濟學家所謂的「尋租或競租（rent seeking）」，請參考 Tullock, Gordon. 1967. "The Welfare Costs of Tariffs, Monopolies, and Theft." *Western Economic Journal* 5:224–232; Krueger, Anne. 1974. "The Political Economy of the Rent-Seeking Society." *American Economic Review* 64:291–303.

33. 我喜歡的經濟學家大衛‧傅利曼（David Friedman）對於有效懲罰的觀點和我在這裡提到的相關，請參考 Friedman, David. 1999. "Why Not Hang Them All: The Virtues of Inefficient Punishment." *Journal of Political Economy* 107:S259–S269。他提到，當處罰有效時，受罰者的成本就會是其他人相對應的獲益。然而，有效懲罰這樣的特色卻會讓懲罰實際上無效，因為當受罰者的成本成為其他人的利益，就會帶來足夠的誘因，讓獲益的人想盡一步追求私利。用拍賣來判定土地的所有權會造成類似的問題。

34. 技術上來說，這會是不完美區別、雙方皆要付錢競標拍賣會，而且雙方的價值不對稱，可以參考 Nti, Kofi O. 1999. "Rent-Seeking with Asymmetric Valuations." *Public Choice* 98:415–430，其中示範了價值不對等的競租模型。

35. 封閉式高標拍賣和首價增價競標拍賣會產生同樣的總支出，可以參考 Hirshleifer,

Jack, and John G. Riley. 1992. *The Analytics of Uncertainty and Information*. Cambridge: Cambridge University Press, 373。因此，暴力競標和一般競標相比較高的詐欺誘因，套在這裡也同理可證，而封閉式高標拍賣是決鬥審判暴力競標顯而易見的替代方案。

36. Russell, "Hired Champions," 254.

37. Pollock, Frederick. 1898. "The King's Justice in the Early Middle Ages." *Harvard Law Review* 12:227–242, 240.

38. Pollock, "The King's Justice," 240. Disputants paid a fee to the king when they settled.

39. Caenegem, *English Lawsuits*, 639.

40. Ibid., 265.

41. Ibid., 265.

42. Russell, "I Trial by Battle," 129.

43. 這些例子裡，有 82 起是刑案，38 起是民事，2 起不確定。不幸的是，羅素的 598 筆紀錄中，沒有區分刑事和民事。若有，我們或許就能更了解土地糾紛的情況，而這也是我想知道的。然而，用決鬥來解決刑事案件的邏輯也是一樣的，所以這些數據應該能幫助我們合理估計用決鬥審判來解決土地爭議的頻率。

44. 然而，不是所有決鬥無法進行的原因，都是雙方達成和解。可能的原因還有其中一方沒有出現，或是不幸死亡，又或者記錄本身已經遺失損毀。

45. Pollock, Frederick. 1912. "The Genius of the Common Law. II. The Giants and the Gods." *Columbia Law Review* 12:291–300, 295.

46. Russell, "Hired Champions," 245.

47. 關於決鬥審判的裝備，可以參考 Russell, M. J. 1983. "Accoutrements of Battle." *Law Quarterly Review* 99:432–442.

48. 可以參考 Truman, Ben C. 1884. *The Field of Honor: Being a Complete and Comprehensive History of Duelling in All Countries*. New York: Fords, Howard, and Hulbert, 33.

49. Gilchrist, James 1821. *A Brief Display of the Origin and History of Ordeals* . . . London: Printed for the author by W. Bulmer and W. Nicol, 32.

50. Russell, "I Trial by Battle," 124.

51. 司法體系似乎不會向觀賞審判的人收費，而這很合理，因為收費可能會給相關人員誘因，讓他們想中飽私囊。

52. Pollock, "Genius of the Common Law," 295. See also Pollock, Frederic. 1904. "Expansion of the Common Law. III. The Sword of Justice." *Columbia Law Review* 4:96–115, 105.

53. 若想更了解這些改革，請參考 Biancalana, Joseph. 1988. "For Want of Justice: Legal Reforms of Henry II." *Columbia Law Review* 88:433–536.

54. 可以參考 Caenegem, R. C. van. 1973. *The Birth of the English Common Law*. Cambridge: Cambridge University Press、Caenegem, R. C. van, ed. 1958–1959. *Royal Writs in England from the Conquest to Glanvill*. London: Selden Society、Milsom, S. F. C. 1976. *The Legal Framework of English Feudalism*. Cambridge: Cambridge University Press、Palmer, Robert C. 1985. "The Origins of Property in England." *Law and History Review* 3:1–50.

55. 可以參考 Pollock and Maitland, *History of English Law*; Milsom, *Legal Framework of Feudalism*; Thorne, S. E. 1959. "English Feudalism and Estates in Land." *Cambridge Law Journal* 17:193–209.

56. Palmer, "Economic and Cultural Impact of the Origins of Property," 385. See also, Thorne "English Feudalism," 194, 209.

57. Palmer, "Economic and Cultural Impact of the Origins of Property," 385 (also 382).

58. Russell, "I Trial by Battle," 127.

59. 然而，英國一直到 1819 年才正式廢止決鬥審判。

致謝

　　1. 下列的章節在出版社的同意下，使用了我先前的著作： 第二章：Leeson, Peter T. 2012. "Ordeals." *Journal of Law and Economics* 55:691–714. © The University of Chicago Press; Leeson, Peter T., and Christopher J. Coyne. *"Sassywood." Journal of Comparative Economics* 40:608–620. © Elsevier. 第三章：Leeson, Peter T., Peter J. Boettke, and Jayme S. Lemke. 2014. "Wife Sales." *Review of Behavioral Economics* 1:349–379. © Now Publishers. 第四章：Leeson, Peter T. 2013. "Gypsy Law." *Public Choice* 155:273–292. © Springer Science + Business Media. 第五章：Leeson, Peter T. 2014. "God Damn: The Law and Economics of Monastic Malediction." *Journal of Law, Economics, and Organization* 30:193–216. © Oxford University Press. 第六章：Leeson, Peter T. 2014. "Oracles." *Rationality and Society* 26:149–169. © Sage Publications. 第七章：Leeson, Peter T. 2013. "Vermin Trials." *Journal of Law and Economics* 56: 811–836. © The University of Chicago Press 第八章：Leeson, Peter T. 2011. "Trial by Battle." *Journal of Legal Analysis* 3:341–375. © Oxford University Press. 附錄：Leeson, Peter T. 2012. *"Ordeals." Journal of Law and Economics* 55:691–714. © The University of Chicago Press; Leeson, Peter T. 2013. "Vermin Trials." *Journal of Law and Economics* 56:811–836. © The University of Chicago Press; Leeson, Peter T. 2011. "Trial by Battle." *Journal of Legal Analysis* 3:341–375. © Oxford University Press.

附錄

1. 我假設雖然司法系統一開始不知道 j 是否有罪，但 j 知道自己是否有罪。在大多數時候，這個假設都合理，但並非絕對。假設 $j's$ 的司法體系不會區分情有可原的殺人和一般的謀殺，他或許知道自己就如同指控殺了人，但卻不確定神會如何看待這項行為，因此無法知道神判法的結果。

2. 我假設所有神判的替代方案都會要求被告付出同等的代價：θ。

3. 我假設 j 和神父都知道 $j's$ 信仰的堅定程度。中世紀的神父通常會知道社群成員上教堂、領聖餐、告解或參與其他儀式的頻率，所以這個假設合理，其他方式則無法完全判定 $j's$ 的信仰程度。

4. 我的解釋參考了 Kamenica 和 Gentzkow 對於貝氏說服的理論。 Kamenica, Emir, and Matthew Gentzkow. 2011. "Bayesian Persuasion." *American Economic Review* 101:2590–2615.

5. Tullock, Gordon. 1980. "Efficient Rent-Seeking." In James M. Buchanan, Robert D. Tollison, and Gordon Tullock, eds. *Toward a Theory of the Rent-Seeking Society*. College Station: Texas A&M Press.

6. 因為決鬥審判的暴力競標所花費的金額較低，會讓用這種方式挑戰他人財產權的成本降低，你或許會好奇，這是否足以成為誘因，比起普通的競標拍賣更容易發生誣告等騙局。但至少，假如雙方對土地價值的估量在某個範圍內時，答案是否定的。要記得，決鬥審判的競標無法達到百分之百正確的判定率，但一般的競標可以。正因如此，用決鬥審判來挑戰他人土地所有權的獲利期望值通常低於一般競標，特別是當 $v_r < \frac{v_D \sqrt{5} - v_D}{2}$ ，估價較高者的獲利期望值通常會比一般的競標低，因此，誣告詐騙的誘因也就較低。

國家圖書館出版品預行編目（CIP）資料

W（什）T（麼）F（鬼）？！一趟不可思議的經濟學
之旅 / 彼得‧利森（Peter T. Leeson）著；謝慈譯. 初版.
臺北市：遠流, 2018.07
304 面；14.8×21 公分 .（綠蠹魚；YLP20）
譯自：WTF？：an economic tour of the weird
ISBN　978-957-32-8300-3（平裝）
1. 風俗 2. 經濟學 3. 理性選擇理論
538　　　　　　　　　　　　　　　　107007689

綠蠹魚 YLP20

W（什）T（麼）F（鬼）？！
一趟不可思議的經濟學之旅

作　　者　　彼得‧利森（Peter T. Leeson）
譯　　者　　謝慈
附錄審訂　　鍾文榮
特約編輯　　李亮瑩
封面設計　　萬勝安
內頁設計　　費得貞
行銷企畫　　沈嘉悅
副總編輯　　鄭雪如
—
發 行 人　　王榮文
出版發行　　遠流出版事業股份有限公司
　　　　　　100 臺北市南昌路二段 81 號 6 樓
　　　　　　電話　（02）2392-6899
　　　　　　傳真　（02）2392-6658
　　　　　　郵撥　　0189456-1
著作權顧問　　蕭雄淋律師
—

2018 年 7 月 1 日 初版一刷
售價新台幣 320 元（如有缺頁或破損，請寄回更換）

WTF？！：AN ECONOMIC TOUR OF THE WEIRD by Peter T. Leeson published in
English by Stanford University Press.

ib 遠流博識網　www.ylib.com　E-mail: ylib@ylib.com
遠流粉絲團　www.facebook.com/ylibfans